O CAPITAL
EXTRATOS POR PAUL LAFARGUE

Copyright da tradução e desta edição © 2024 by Edipro Edições Profissionais Ltda.

Título original: *Karl Marx: Le capital. Extraits faits par M. Paul Lafargue*. Traduzido com base em *Karl Marx : Le capital. Extraits faits par M. Paul Lafargue*; [introduction par] Vilfredo Pareto, 1897, Ed. Crété. Publicado pela primeira vez em 1893.

Todos os direitos reservados. Nenhuma parte deste livro poderá ser reproduzida ou transmitida de qualquer forma ou por quaisquer meios, eletrônicos ou mecânicos, incluindo fotocópia, gravação ou qualquer sistema de armazenamento e recuperação de informações, sem permissão por escrito do editor.

Grafia conforme o novo Acordo Ortográfico da Língua Portuguesa.

1ª edição, 2024.

Editores: Jair Lot Vieira e Maíra Lot Vieira Micales
Produção editorial: Carla Bettelli
Edição de textos: Marta Almeida de Sá
Assistente editorial: Thiago Santos
Preparação de texto: Thiago de Christo
Revisão: Daniela Borges de Oliveira
Diagramação: Estúdio Design do Livro
Capa: Studio Del Rey

Dados Internacionais de Catalogação na Publicação (CIP)
(Câmara Brasileira do Livro, SP, Brasil)

Marx, Karl, 1818-1883

    Karl Max : o capital / extratos por Paul Lafargue ; prefácio de Edmilson Costa ; tradução de Edson Bini. – São Paulo : Edipro, 2024.

    Título original: Karl Marx: Le capital
    Bibliografia.

    ISBN 978-65-5660-127-4 (impresso)
    ISBN 978-65-5660-128-1 (e-pub)

    1. Capital (Economia) 2. Marx, Karl, 1818-1883. O capital I. Lafargue, Paul, 1842-1911. II. Costa, Edmilson. III. Título.

23-168124   CDD-335.412

Índice para catálogo sistemático:
1. Economia marxista 335.412

Cibele Maria Dias - Bibliotecária - CRB-8/9427

São Paulo: (11) 3107-7050 • Bauru: (14) 3234-4121
www.edipro.com.br • edipro@edipro.com.br
@editoraedipro   @editoraedipro

O livro é a porta que se abre para a realização do homem.

Jair Lot Vieira

KARL MARX

O CAPITAL

EXTRATOS POR PAUL LAFARGUE

PREFÁCIO
EDMILSON COSTA
Doutor em economia pela Unicamp,
com pós-doutorado no Instituto de Filosofia
e Ciências Humanas da mesma instituição,
autor de diversos livros sobre economia

TRADUÇÃO
EDSON BINI
Consagrado e produtivo tradutor há mais de quarenta anos.
Estudou filosofia na Faculdade de Filosofia, Letras e Ciências Humanas
da USP (Universidade de São Paulo) e realizou dezenas de traduções
nas áreas da filosofia para as editoras Hemus, Ícone, Martins Fontes,
Landy e Loyola, e há quase vinte anos é tradutor da Edipro.

SUMÁRIO

Prefácio da edição brasileira — Um século e meio depois, *O capital* continua atual, por Edmilson Costa **7**

PRIMEIRA PARTE — MERCADORIA E MOEDA

CAPÍTULO I — A mercadoria **19**

CAPÍTULO II — Das trocas **39**

CAPÍTULO III — Circulação das mercadorias **45**

SEGUNDA PARTE — A TRANSFORMAÇÃO DO DINHEIRO EM CAPITAL

CAPÍTULO IV — A fórmula geral do capital **83**

CAPÍTULO V — Contradições da fórmula geral do capital **91**

CAPÍTULO VI — Compra e venda da força de trabalho **97**

CAPÍTULO VII — Produção de valores de uso e produção da mais-valia **107**

CAPÍTULO VIII — Capital constante e capital variável **125**

CAPÍTULO IX — A taxa da mais-valia **139**

Notas de Paul Lafargue **145**

Paul Lafargue — Breves traços biográficos e bibliográficos **155**

Referências bibliográficas **157**

PREFÁCIO DA EDIÇÃO BRASILEIRA
UM SÉCULO E MEIO DEPOIS, *O CAPITAL* CONTINUA ATUAL

Mais de um século e meio depois de sua publicação, *O capital*, de Karl Marx, continua com uma atualidade extraordinária por ser uma obra fenomenal que investiga as leis que regem o sistema capitalista a partir de uma análise profunda desse modo de produção em todos os seus aspectos, identifica suas principais contradições, as relações sociais e seus impactos na vida das pessoas. Mediante um conjunto de descobertas científicas, operou uma revolução nas ciências sociais e na economia política, ao mesmo tempo que proporcionou ao proletariado as ferramentas teóricas de sua emancipação, ao revelar que a principal contradição da sociedade capitalista ocorre entre os trabalhadores e os proprietários dos meios de produção, que no processo de produção os trabalhadores são explorados e que a única maneira de sua libertação é a revolução social.

A obra de Marx tem sido não só uma das mais discutidas nas ciências sociais, mas principalmente uma das mais combatidas. Isso porque todo o edifício teórico construído por Karl Marx está a serviço da emancipação de uma classe — o proletariado. Por isso mesmo, os escribas ligados ao grande capital têm, ao longo dos tempos, decretado a falência do marxismo e sua desimportância enquanto teoria científica. No entanto, mesmo contra toda a superestrutura que o protege, divulga e embeleza a missão do capital, incluindo principalmente os meios de comunicação, as ideias

8

de Marx ressurgem com um vigor extraordinário, particularmente nos momentos de crise do sistema, que é quando emergem todas as contradições do capitalismo apontadas pelo teórico alemão.

Ao investigar as leis econômicas e as relações sociais, Marx abordou praticamente todos os temas mais importantes da economia política, entre os quais a importância do trabalho para a sobrevivência da espécie humana; o processo de produção das mercadorias e a questão do valor obtido por meio do trabalho necessário para a sua produção; o processo de exploração dos trabalhadores ao longo da jornada de trabalho e a produção do mais-valor ou da mais-valia, como se conhece popularmente; a troca das mercadorias, a alienação do trabalho, o papel do dinheiro na sociedade capitalista e o processo de acumulação do capital; a desigualdade econômica e da luta de classe entre os trabalhadores assalariados e os proprietários dos meios de produção; a desigualdade econômica oriunda da exploração; e a possibilidade de os trabalhadores organizados realizarem a revolução.

A maior parte dessas questões é abordada nesta edição do livro *O capital — Extratos por Paul Lafargue,* que se refere basicamente ao livro I da obra mais extensa (três volumes) escrita por Marx. Como outros autores que se debruçaram sobre esse imenso legado científico, Lafargue busca realizar uma síntese didática do volume I de *O capital* com o objetivo de popularizar as ideias de Marx para o público em geral, torná-las mais acessíveis aos trabalhadores, especialmente ao proletariado, que na sua época estava dando os primeiros passos no seu processo de organização e no aprendizado desta teoria. Muitos comentam que Marx teria dito que, entre todos os que tentaram realizar essa síntese, o ensaio de Paul Lafargue foi o que mais se aproximou de uma leitura sintética de *O capital.*

Paul Lafargue era filho de uma família franco-cubana. Nasceu em Santiago de Cuba em 1842 e ainda muito jovem passou a viver na França, onde se formou em medicina, muito embora não tenha exercido a profissão em função de sua agitada atividade revolucionária. Casado com uma das filhas de Marx, Lafargue participou da Primeira Internacional, da insurreição da Comuna de Paris e, com o fracasso da Comuna, fugiu para a Espanha, onde continuou suas atividades revolucionárias. Após a anistia dos *communards*, em 1880, retornou à França. Preso várias vezes, foi um dos fundadores do Partido Operário Francês e desenvolveu intensa atividade sobre questões teóricas, econômicas e literárias, sendo o *Direito à preguiça* sua obra mais conhecida no Brasil. Lafargue e sua esposa tinham um compromisso de se suicidar para evitar os problemas da velhice, o que ocorreu antes de ele completar 70 anos, e ela, 66 anos. Em sua carta de despedida, ele escreveu o seguinte: "Morro com a alegria suprema de ter a certeza de que, num futuro próximo, triunfará a causa por que lutei durante 45 anos. Viva o comunismo, viva o socialismo internacional!".

Como trata-se de um prefácio, e para efeito de compreensão dos extratos de *O capital* de Paul Lafargue, vamos realizar uma exposição mais didática da obra com o objetivo de sequenciar de modo compreensível os temas principais tratados na obra de Marx, buscando dar ao leitor uma visão panorâmica da mais importante obra da economia política de todos os tempos. Os economistas clássicos Smith e Ricardo foram os primeiros a abordar de forma sistemática a importância do trabalho como fonte e medida do valor de todas as mercadorias produzidas no sistema capitalista, enquanto os neoclássicos diziam que o valor é resultado da utilidade das mercadorias e da interação entre oferta e demanda no mercado. Até hoje esta é a principal contradição entre os economistas neoclássicos e os economistas marxistas. "Torna-se evidente que não é a troca que regula a quantidade de valor de uma mercadoria, mas, ao contrário, é a quantidade do valor de uma mercadoria que regula as relações de troca", ressalta Lafargue.

Podemos então iniciar essa abordagem afirmando que Marx construiu a teoria do valor a partir das ideias iniciais de Smith e Ricardo, ou seja, o trabalho humano é a fonte do valor de todas as mercadorias. Ou seja, toda a riqueza gerada no mundo é resultado do trabalho humano. O trabalho é tão importante para a humanidade que, caso todos deixassem de trabalhar por um longo período, a espécie humana se extinguiria. Tudo que existe de construção material no mundo — os edifícios, as estradas, as máquinas e os equipamentos, os computadores, a inteligência artificial, as benfeitorias em geral, os campos plantados e o alimento que comemos — é resultado do trabalho, e só por meio dessa ação humana se pode transformar as matérias-primas em bens e serviços para satisfazer às necessidades das pessoas. "A força de trabalho do ser humano é a única força criadora dos valores: e as mercadorias só são consideradas como valores porque contêm trabalho humano", constata Lafargue.

No sistema capitalista, os trabalhadores foram despossuídos de todas as ferramentas necessárias à sua sobrevivência (a terra, os instrumentos de trabalho, etc.). Para sobreviver, são obrigados a colocar à venda no mercado a única coisa que possuem, que é a sua capacidade de trabalhar, sua força de trabalho. Ao chegar ao mercado o trabalhador encontra o proprietário dos meios de produção, que o contrata para realizar o processo de produção. Em sua fábrica, o capitalista junta máquinas, equipamentos, matérias-primas e trabalhadores e inicia a produção de mercadorias que são posteriormente postas à venda no mercado.

As mercadorias produzidas pelo capitalista têm duas qualidades fundamentais sem as quais não podem ser adquiridas pelos consumidores – o valor de uso e o valor de troca. Primeiro, as mercadorias devem ter a capacidade de satisfazer às necessidades humanas, ou seja, ser úteis ao comprador; do contrário, não podem ser vendidas — afinal, ninguém vai adquirir um produto que não lhe tenha utilidade. Segundo, a mercadoria deve ter também a capacidade de ser trocada por outra mercadoria ou seu equivalente. O valor de troca é expresso na forma de preço, que é a quantidade de dinheiro pela qual uma mercadoria pode ser comprada no mercado. Para o capitalista, o valor de troca é o principal critério para a produção de mercadorias, pois é dele que o capitalista obtém o lucro. Isso quer dizer o seguinte: os capitalistas não produzem para atender às necessidades da população, mas simplesmente para obter lucro.

Antes de falarmos propriamente sobre a natureza dos lucros no sistema capitalista, é importante abordarmos alguns aspectos da teoria do valor de Marx. Assim como a mercadoria tem dois valores, o trabalho também tem um duplo valor – o trabalho concreto e o trabalho abstrato ou materializado. O trabalho concreto cria o valor de uso das mercadorias, a sua utilidade, ou seja, cada trabalhador, de acordo com sua especialidade, pode criar diferentes produtos, como uma mesa, um vestido, um carro, um computador e assim por diante. Já o trabalho abstrato cria os valores de troca. Em outros termos: abstraindo-se as especialidades de cada trabalhador (pedreiro, ferramenteiro, engenheiro, etc.), o que encontramos em todos os processos de produção é o trabalho humano geral, elemento comum a todos os trabalhadores, parcela do qual é apropriado pelos capitalistas.

Para Marx, a produção da mais-valia ocorre exatamente no processo de produção. Como diz Lafargue, a circulação ou a troca de mercadorias não cria nenhum valor, portanto, é uma ilusão imaginar a criação do valor na órbita da circulação. "A formação da mais-valia e, consequentemente, a transformação do dinheiro em capital não podem, portanto, se originar nem do fato de os vendedores venderem suas mercadorias acima do que valem nem do fato de os compradores comprarem abaixo do que valem. Os defensores consequentes dessa ilusão, a saber, de que a mais-valia provém de uma elevação dos preços ou do privilégio que o vendedor teria de vender muito mais caro sua mercadoria, são forçados a admitir uma classe que sempre compra e jamais vende ou uma que consome sem produzir."

Como se opera o milagre de os capitalistas obterem o excedente (o lucro) no processo de produção? Marx argumenta que os trabalhadores vendem sua força de trabalho em troca de um salário e que se comprometem, por meio de contrato, a efetuar uma determinada jornada de trabalho. Acontece que, ao longo da jornada de trabalho (vamos supor oito horas diárias), os trabalhadores produzem uma quantidade de mercadorias muito maior do que aquilo que recebem em forma de salário. Por exemplo, na jornada de oito horas, nas primeiras quatro horas os trabalhadores produzem o suficiente para suprir as suas necessidades, o que corresponde ao salário e pode ser denominado jornada de trabalho necessário. Nas outras quatro horas, o segundo tempo da jornada, produzem a mais-valia, a fonte do lucro capitalista, que é o valor adicional.

"Se meia jornada de trabalho é suficiente para fazer o operário viver por 24 horas, não se conclui disso que ele não possa trabalhar uma jornada inteira. O valor que a força de trabalho possui e o valor que ela é capaz de criar diferem, portanto, quanto à grandeza. É essa diferença de valor que o capitalista tinha em vista quando comprou a força de trabalho", enfatiza Lafargue.

Na aparência da sociedade capitalista, na vida cotidiana, os trabalhadores têm enorme dificuldade para compreender a natureza da exploração capitalista porque a remuneração dos trabalhadores, efetuada em forma de salário, dá a impressão de que o capitalista está pagando por todo o trabalho realizado, quando, de fato, está pagando apenas uma parcela do que foi produzido. Nesse caso, o salário pode ser considerado uma forma mistificadora que esconde o processo de exploração. Se os capitalistas pagassem por tudo que o trabalhador produziu, este não obteria lucro e não haveria exploração ou acumulação de riqueza no polo representado pelos proprietários dos meios de produção. Portanto, toda a riqueza capitalista é resultado do trabalho não pago aos trabalhadores.

Como constatamos, no processo de produção, os trabalhadores criam o valor adicional, o mais-valor, ou mais-valia, parcela que é apropriada pelos capitalistas além do capital que foi investido a princípio na produção quando essas mercadorias são vendidas no mercado. A venda das mercadorias é realizada por meio do dinheiro, que desempenha um papel especial na troca das mercadorias porque facilita as transações ao se transformar em um equivalente, uma unidade de medida comum ao valor de todas as mercadorias. Dessa forma, o dinheiro possibilita que diferentes tipos de mercadorias sejam compradas ou vendidas no mercado.

Portanto, o mecanismo da riqueza capitalista pode ser descrito da seguinte maneira: o capitalista, a cada ciclo da produção, se apropria de um capital novo, ou valor adicional (a mais-valia), ao que investiu no processo anterior, que popularmente conhecemos como lucro. Como o capitalista sabe que dinheiro parado não gera riqueza nova, ele volta a reinvestir esse novo capital na ampliação dos meios de produção e no aumento da força de trabalho, permitindo, assim, a expansão contínua do capital e da produção da mais-valia. Ou seja, vai acumulando mais capitais, tornando suas empresas cada vez maiores e ampliando sua participação no mercado. Em outras palavras, nesse processo, o dinheiro se transforma em capital e, como diria Marx, os capitalistas tendem a se tornar cada vez mais ricos enquanto os trabalhadores ficam proporcionalmente cada vez mais pobres.

Em função da concorrência entre os capitalistas, a acumulação do capital resulta no processo de concentração e centralização do capital. A concentração do capital é um processo no qual os capitalistas mais fortes, mais bem-sucedidos, conseguem expandir seus negócios e absorver ou afastar do mercado os capitalistas menores e mais fracos, resultando, dessa dinâmica, a concentração de riqueza em poder de um número reduzido de grandes empresas. Já a centralização do capital é um processo de união entre vários capitais em uma única empresa, processo este, em geral, hegemonizado pelos capitais maiores, por meio dos quais surgem também os grandes conglomerados econômicos. Muitas das multinacionais que existem até hoje são resultado desse processo.

Embora não tenham sido descritos nos extratos de Paul Lafargue, é importante que os leitores tenham conhecimento de alguns temas do marxismo abordados nos outros volumes de *O capital*. Um desses temas se refere às crises capitalistas. Para Marx, as crises capitalistas são resultado das próprias contradições do capitalismo, entre as quais o caráter social da produção e a apropriação privada de seus resultados, a tendência decrescente da taxa de lucros e a contradição entre a produção crescente de mercadorias e a capacidade limitada da população para comprá-las.

Durante o processo de produção capitalista, à medida que o capital se expande e aumenta a concorrência entre os proprietários dos meios de produção, há uma necessidade premente de aumento da produtividade e redução dos custos da produção. Para resolver esse problema, os capitalistas procuram introduzir, cada vez mais, novas e modernas máquinas, buscando aumentar a produtividade e reduzir o número de operários. No entanto, a introdução desses equipamentos modernos no chão da fábrica também reduz a proporção do valor criado pelos trabalhadores, que se expressa na contradição entre capital constante e capital variável. Dessa forma, no longo prazo, há uma tendência à queda da taxa de lucro, o que consequentemente gera queda nos investimentos, redução da produção, queda na atividade econômica geral, desemprego, etc.

Além disso, como o salário dos trabalhadores não aumenta na mesma proporção da acumulação do capital, em algum momento do ciclo econômico os capitalistas produzem uma quantidade de mercadorias muito maior que a capacidade de compra dos trabalhadores, resultando desse mecanismo as crises de superprodução de mercadorias, ou seja, a sobreprodução em relação ao poder de compra da sociedade, que leva a um colapso temporário na reprodução do capital — a crise econômica capitalista. Vale ressaltar que, durante as crises, ocorrem quedas na produção, falências de empresas e aumento do desemprego, e consequentemente também ocorre uma piora nas condições de vida dos trabalhadores e aumento da exploração do trabalho.

Essas crises cíclicas acontecem desde os primórdios do capitalismo e continuarão a acontecer enquanto durar esse modo de produção. No entanto, Marx argumenta que as crises são necessárias à dinâmica do capital, porque representam uma espécie de saneamento do sistema, por meio do qual as empresas menores e menos eficientes entram em falência ou são absorvidas pelas maiores; ocorre também um aumento da concentração e da centralização do capital, e o sistema saneado cria condições para uma nova fase de acumulação do capital, a retomada das taxas de lucro e um novo ciclo no desenvolvimento capitalista.

Contudo, as crises também representam um grande perigo para o sistema capitalista, pois durante as crises são expostas todas as contradições desse modo de produção, como a desigualdade social, o desemprego, a miséria das massas, os problemas econômicos e políticos. Durante as crises, aumenta-se a polarização entre trabalhadores e proprietários dos meios de produção, abrem-se janelas de oportunidades para que o proletariado possa se colocar em movimento, por meio da organização e da ação coletiva, e lutar pelas transformações sociais e por uma nova organização da sociedade, em que os produtores da riqueza possam exercer o seu direito à emancipação social e política.

Para Marx, o proletariado só conseguirá sua emancipação por meio da revolução social, quando o proletariado organizado conseguir derrotar o regime construído pela burguesia, abolir a propriedade privada dos meios de produção e iniciar a construção de uma nova sociedade, a sociedade socialista, com os trabalhadores passando a dirigir as instituições econômicas, sociais e políticas do país. *O capital — Extratos de Paul Lafargue* contribui de forma muito importante para que os leitores tomem conhecimento das principais questões abordadas na extensa obra de Marx.

Edmilson Costa

PRIMEIRA PARTE

MERCADORIA
E MOEDA

CAPÍTULO I
A MERCADORIA

Parágrafo I — Os dois fatores da mercadoria: valor de uso e valor de troca ou valor propriamente dito[1]

A mercadoria é um objeto obtido pelo trabalho humano que, em vez de ser consumido por seu produtor, é trocado e que, por suas propriedades, satisfaz às necessidades humanas de qualquer natureza, diretamente como meio de subsistência ou indiretamente como meio de produção.

A utilidade é, portanto, a primeira qualidade indispensável da mercadoria; a utilidade que ocorre no uso ou o consumo da mercadoria lhe confere o seu *valor de uso*.

E é somente porque a mercadoria possui um valor de uso que adquire um *valor de troca*. Um produto que fosse absolutamente inútil não poderia tornar-se passível de troca.

Sendo as mercadorias de natureza diferente, são trocadas em proporções diferentes: não se troca um libra[2] de ferro por um libra de ouro nem um litro de trigo por um litro de diamantes, mas muitas jardas[3] de ferro por um libra de ouro e muitos hectolitros[4] de trigo por um diamante.

---

1. Karl Marx, *Le Capital*, vol. I, cap. 1, parágrafos 1 e 2 (edição francesa e 4ª edição alemã).
2. Unidade de peso cujo valor é variável, mas equivalente a aproximadamente meio quilograma. (N.T.)
3. Unidade de peso que corresponde a 100 libras. O quintal métrico corresponde a 100 quilogramas. (N.T.)
4. Volume de 100 litros. (N.T.)

Para que duas mercadorias de natureza e de proporções diferentes venham a coincidir no seu valor, é preciso que ambas contenham em igual quantidade uma *substância comum comensurável*.

Um quadrado e um triângulo não são declarados iguais senão porque suas linhas delimitam uma mesma superfície: a superfície é a substância comum de todas as figuras da geometria plana. O que é aquilo que desconheço, mas que é comum e se encontra em todas as mercadorias?

Não é possível que seja uma propriedade natural, já que são precisamente as propriedades naturais que diferenciam as mercadorias. Seria a utilidade a propriedade que, com efeito, é comum a todas as mercadorias?

Não, uma vez que se troca por um diamante, algo de uma utilidade tão limitada, hectolitros de trigo, o cereal mais útil que existe para a alimentação humana, e porque se oferece por um libra de ouro quintais de ferro, o mais útil dos metais. Nos tempos homéricos, quando o bronze servia para a fabricação de espadas e de várias peças da armadura, os heróis da *Ilíada* consideravam o ferro um metal precioso. Um dos progressos da produção civilizada consiste em fazer com que os objetos de maior utilidade sejam trocados numa proporção maior pelos objetos de menor utilidade.

Fora a utilidade, as mercadorias só possuem uma única outra propriedade comum: todas são produtos do trabalho humano, ou seja, sua criação necessitou de um dispêndio da força humana.

Pouco importa a forma na qual tenha sido feito esse dispêndio de trabalho, seja na busca de um diamante, seja no transporte de água ou na confecção de uma roupa, ele representa sempre um desgaste da máquina humana; assim, a forma pela qual se consome o calor de uma tonelada de carvão, seja para arrastar os vagões de um trem, seja para tecer o algodão, seja para imprimir jornais, ou gerar eletricidade e luz, é indiferente. Trata-se de um desgaste de combustível, de um dispêndio calórico e, afinal de contas, de um dispêndio de movimento. E foi apenas quando o doutor Meyer[5] descobriu o equivalente mecânico do calor que os físicos puderam acompanhar em todas as suas transformações a força única, o movimento. O valor é o nó górdio[6] da economia política, como o observava Ricardo:[7] quem conhece o elemento constitutivo do valor tem nas mãos o fio de Ariadne[8] que o guiará no dédalo[9] da produção e da troca das mercadorias.

A força de trabalho do ser humano é a única força criadora dos valores: e as mercadorias só são consideradas como valores porque contêm o trabalho humano. Antes de ingressar na troca, a mercadoria já é um *valor*, isto é, um acumulador de força humana, e só se troca por ser um valor. A água de um rio e o ar da atmosfera, ainda que indispensáveis à vida, não são valores, porque não contêm trabalho humano, mas se a eles incorporarmos trabalho humano, produzindo ar comprimido e transportando água para uma casa ou até o Saara, a água e o ar, de imediato, tornam-se valores e são passíveis de troca.

Como se mede o valor?

Àquele, então, que indaga sobre o preço de duas mercadorias de idêntica matéria-prima e idêntica utilidade, por exemplo, de duas cadeiras de carvalho, as quais uma teria os pés torneados e o encosto trabalhado, mas que não entendeu a diferença, o fabricante responde: esta é mais cara porque exigiu mais trabalho do que aquela, cujos pés e encosto são retos. Essa frase banal, como uma verdade

---

5. A referência do autor parece ser a Julius Lothar Meyer (1830-1895), químico alemão. (N.T.)
6. A resolução de forma simples de um caso aparentemente sem solução. (N.E.)
7. David Ricardo (1772-1823), economista britânico. (N.T.)
8. Aqui, o que conduz a um desenlace favorável relacionado à dificuldade de um problema. Também representa outra acepção, a de se chegar a uma conclusão. (N.E.)
9. No sentido de labiríntico e de um sem-número de complicações que podem induzir a erro. (N.E.)

de la Palisse,[10] é a única resposta à questão formulada acima, pois, dizem Smith[11] e Ricardo, "está absolutamente claro que o que é ordinariamente o produto de duas jornadas ou de duas horas de trabalho vale o dobro do que exige ordinariamente apenas um dia ou uma hora de trabalho".[12] Entretanto, há trabalho e trabalho, tal como há teoria e teoria.

Poder-se-ia imaginar que, se o valor de uma mercadoria é determinado pelo *quantum* de trabalho gasto durante sua produção, quanto mais um homem for preguiçoso ou inábil, mais sua mercadoria terá valor, porque ele emprega mais tempo na sua fabricação. Mas o trabalho que forma a substância do valor das mercadorias é o trabalho igual e indistinto, um dispêndio da mesma força. A força de trabalho da sociedade inteira, a qual se manifesta no conjunto dos valores, somente se computa, por conseguinte, como uma força única, ainda que se componha de inumeráveis forças individuais. Cada força de trabalho individual é igual a qualquer outra, na medida em que possui o caráter de uma força social média e funciona como tal, isto é, não emprega na produção de uma mercadoria senão o tempo de trabalho necessário na média ou o tempo de trabalho necessário socialmente.

O tempo socialmente necessário para a produção das mercadorias é aquele que exige todo trabalho executado com um grau médio de habilidade e de intensidade e em condições que, no meio social dado, são normais. Após a introdução, na Inglaterra, da tecelagem a vapor, foi necessário, talvez, a metade de trabalho em comparação com o que se realizava antes para transformar em tecido uma certa quantidade de fios. O tecelão manual teve sempre necessidade do mesmo tempo para operar essa

---

10. Expressão que indica a confirmação de uma obviedade. (N.E.)
11. Adam Smith (1723-1790), economista britânico. (N.T.)
12. Esta passagem de Smith, extraída do capítulo VI, Livro I, de *A Riqueza das Nações*, é citada por Ricardo no seu capítulo "Valor normal ou natural".

transformação, porém, a partir desse momento, o produto de sua hora de trabalho individual não representou mais do que a metade de uma hora social de trabalho e não produziu mais do que a metade do valor primário.

Portanto, é somente o *quantum* de trabalho ou o tempo de trabalho necessário numa sociedade concedido à produção de um artigo que determina para ele a quantidade de valor. Cada mercadoria particular conta, em geral, como um exemplar médio de sua espécie. As mercadorias nas quais estão contidas quantidades de trabalho iguais ou que podem ser produzidas num tempo idêntico têm, consequentemente, um valor igual. O valor de uma mercadoria está, no que diz respeito ao valor de qualquer outra mercadoria, na mesma relação que o tempo de trabalho necessário à produção de uma está relacionado ao tempo de trabalho necessário à produção da outra.

É evidente que a quantidade de valor de uma mercadoria permaneceria constante se o tempo necessário para sua produção permanecesse também constante. Mas este último varia de acordo com cada modificação da força produtiva do trabalho que, por seu lado, depende de circunstâncias diversas, entre outras, da habilidade média dos trabalhadores, do desenvolvimento da ciência e do grau de sua aplicação tecnológica, das combinações sociais da produção, da extensão e da eficácia dos meios de produção e das condições de caráter puramente natural. A mesma quantidade de trabalho é representada, por exemplo, por oito alqueires de trigo, se a estação for favorável, por somente quatro alqueires no caso contrário. A mesma quantidade de trabalho fornece um volume de metal mais copioso nas minas ricas do que nas minas pobres, etc. Os diamantes somente se manifestam raramente na camada superior da crosta terrestre, de modo que é necessário, em média, um tempo considerável para encontrá-los, do que resulta que representam muito trabalho em contraste com um modesto volume.

No que diz respeito às minas mais ricas, a mesma quantidade de trabalho tornaria real uma quantidade maior de diamantes, cujo valor baixaria. Se tivéssemos êxito em transformar o carvão em diamante mediante pouco trabalho, o valor deste último cairia, talvez abaixo daquele dos tijolos. Em geral, quanto maior for a força produtiva do trabalho, mais é curto o tempo necessário para a produção de um artigo, e quanto menor for o volume de trabalho cristalizado nele, menor será o seu valor. De maneira inversa, quanto menor for a força produtiva do trabalho, maior será o tempo necessário para a produção de um artigo, e maior será o seu valor. A quantidade de valor de uma mercadoria varia, portanto, na razão direta do *quantum* e na razão inversa da força produtiva do trabalho que nela é realizado.

Conhecemos agora a substância do valor: é o trabalho. Conhecemos a medida de sua quantidade: é a duração do trabalho.

Uma coisa pode ser um valor de uso sem ser um valor. Para isso basta que ela seja útil ao ser humano sem originar-se de seu trabalho. É o caso do ar, das campinas naturais, do solo virgem, etc. Uma coisa pode ser útil e produto do trabalho humano sem ser mercadoria. Todo aquele que, pelo que produz, satisfaz a suas próprias necessidades, tão só cria um valor de uso pessoal. Para produzir mercadorias, deve-se não apenas produzir valores de uso como também valores de uso para outras pessoas, valores de uso sociais. Enfim, nenhum objeto pode ser um valor se não for uma coisa útil. Se for inútil, o trabalho que ele encerra é gasto inutilmente e, por consequência, não cria valor.

Apresenta-se aqui uma dificuldade cuja natureza positivamente leva as mentes a nela se deterem.

É possível comparar os distintos gêneros de trabalho entre si visando a conduzi-los a uma medida comum? É possível comparar o trabalho do carpinteiro e do agricultor com o do artista joalheiro e do geômetra agrimensor?[13]

Essa dificuldade é resolvida praticamente todos os dias, pois se troca cotidianamente, por intermédio da moeda,[14] o trigo ou charretes por anéis ou projetos de agrimensura; e o fato de se dar, por exemplo, cem alqueires de trigo por um anel ou por um projeto de geometria prova que, sem proclamar a todos os ventos, dosamos a quantidade de trabalho do agricultor, do carpinteiro e do agrimensor contido nesses diferentes objetos. Mas o ser humano respirou e digeriu antes de ter uma noção teórica da digestão e da respiração. Trata-se, portanto, de explicar teoricamente esse fenômeno da troca das mercadorias.

Suponhamos que o mesmo indivíduo seja simultaneamente agricultor, carpinteiro e agrimensor; poderá então dizer: a charrete ou o projeto de terras aráveis da comuna me custam tanto trabalho quanto cem alqueires de trigo. Para ele, pouco importa sob que forma despendeu sua atividade: os três objetos produzidos representam a mesma quantidade de trabalho.

Não é de modo algum fantasioso supor um mesmo indivíduo exercendo os ofícios de agricultor, carpinteiro e agrimensor: nos povoados coletivistas russos que ainda existem, as divisões das terras aráveis são feitas pelos próprios camponeses, e os agrimensores profissionais ficam admirados diante da maneira exata pela qual as terras são medidas e igualadas. Ainda nestes tempos assiste-se frequentemente na França o trabalho da agricultura associado ao trabalho industrial. A indústria mecânica, ao reduzir as dificuldades técnicas das profissões, permite ao trabalhador

---

13. O topógrafo. (N.T.)

14. *Monnaie*: o autor emprega regularmente este termo em sua acepção ampla de qualquer meio legal de pagamento, que, além da moeda, inclui cheques, ordens de pagamento, etc., e não no seu sentido restrito e físico de dinheiro em forma de moeda metálica. (N.T.)

da grande indústria percorrer alternativamente uma série de ofícios diversos; ele pode, então, despender, sob um grande número de formas, sua força de trabalho e comparar, em meio a elas, as mercadorias que ele criou. Esses progressos da mecânica industrial permitem, acompanhando a direção variável da demanda de trabalho a uma dada porção de trabalho humano, oferecer-se ora sob uma forma de trabalho, ora sob uma outra: seja qual for o atrito causado por essas mudanças de forma de trabalho, apesar de tudo elas são realizadas.

Afinal de contas, toda atividade produtiva, a excetuarmos o seu caráter útil, é um dispêndio de força humana. A agricultura, a carpintaria e a agrimensura, a despeito de suas diferenças, são todas as três um dispêndio produtivo do cérebro, dos músculos, dos nervos, das mãos do ser humano e, nesse sentido, do trabalho humano com os mesmos direitos. A força de trabalho humana, cujo movimento apenas muda de forma nas diversas atividades produtivas, deve seguramente ser mais ou menos desenvolvida para poder ser despendida sob esta ou aquela forma. Mas o valor das mercadorias representa pura e simplesmente o trabalho humano, um dispêndio de força humana em geral. Ora, do mesmo modo que na sociedade civil um general ou um banqueiro desempenha um grande papel, enquanto o homem comum não se mostra à altura da expectativa de alguém, o mesmo ocorre com o trabalho humano. Trata-se de um dispêndio da simples força que todo homem comum, sem um desenvolvimento especial, tem no organismo de seu corpo. É verdade que o trabalho simples e mediano muda de caráter em diferentes países e segundo as épocas; é, porém, sempre determinado numa dada sociedade. O trabalho complexo (*skilled labour*, trabalho qualificado) não passa de uma potência do trabalho simples ou, antes, é apenas o trabalho simples multiplicado, de maneira que uma dada quantidade de trabalho complexo corresponde a uma quantidade maior de trabalho simples. A experiência mostra que essa redução se faz de forma constante. Mesmo que uma mercadoria seja o produto do mais complexo trabalho, seu valor a reconduz, numa proporção qualquer, ao produto de um trabalho simples do qual ela não representa, consequentemente, senão uma quantidade determinada. As proporções diversas segundo as quais distintas espécies de trabalho são reduzidas ao trabalho simples, como à sua unidade de medida, são estabelecidas na sociedade sem que os produtores o saibam e lhes parecem convenções tradicionais. Disso se conclui que, na análise do valor, deve-se tratar cada variedade de força de trabalho como uma força de trabalho simples.[15]

Portanto, se, no mercado, cem alqueires de trigo equivalem a uma charrete, um anel ou ao projeto de um agrimensor, isso significa que em um alqueire de trigo há cem vezes menos trabalho do que numa charrete, num anel ou num projeto de agrimensão.

Se, quanto ao valor de uso, o trabalho contido na mercadoria só vale qualitativamente, em relação à grandeza do valor ele somente é computado quantitativamente. No primeiro caso, trata-se de saber como se executa o trabalho e o que ele produz; no segundo, quanto tempo dura. Como a grandeza de valor de uma mercadoria representa tão só o *quantum* de trabalho nela contido, conclui-se que todas as mercadorias, numa certa proporção, devem apresentar valores iguais.

A força produtiva de todos os trabalhos exigidos pela produção de uma mercadoria qualquer, como a confecção de uma roupa, permanece constante? A quantidade do valor das roupas aumenta com o seu número. Se uma roupa representa x jornadas

---

15. Ambos, Smith e Ricardo, consideram o trabalho como "a fonte e a medida do valor" e reconhecem igualmente que os trabalhos, a despeito de suas diferenças "quanto à fadiga, intensidade e habilidade", "são comparáveis entre si com suficiente precisão para satisfazer a todas as necessidades da prática". Mas nem um nem outro reduziu todos os trabalhos a serem apenas múltiplos do trabalho simples, e é somente essa redução que permite compreender os fenômenos de troca.

de trabalho, duas roupas representam 2x, e assim sucessivamente. Admitamos, porém, que a duração do trabalho necessário para produzir uma roupa aumenta duplamente ou diminui pela metade: no primeiro caso, uma roupa tem tanto valor quanto tinham duas antes; no segundo, duas roupas não têm mais valor do que o tinha anteriormente uma só, ainda que nos dois casos a roupa forneça, tanto depois quanto antes, os mesmos serviços, e o trabalho útil do qual ela se origina seja sempre da mesma quantidade. Contudo, o *quantum* de trabalho despendido na sua produção não se manteve o mesmo.

Uma quantidade mais considerável de valores de uso forma evidentemente uma *riqueza material* maior; com duas roupas podemos vestir dois homens, ao passo que com uma só podemos vestir um, e assim por diante. Entretanto, a um volume crescente de riqueza material pode corresponder um decréscimo simultâneo de seu valor. Esse movimento contraditório provém do caráter duplo do trabalho. A eficácia, num dado tempo, de um trabalho útil depende de sua força produtiva. O trabalho útil torna-se, então, uma fonte mais ou menos abundante de produtos na razão direta do crescimento ou diminuição de sua força produtiva. Em compensação, uma variação dessa última força jamais atinge diretamente o trabalho representado no valor. Como a força produtiva pertence ao trabalho concreto e útil, ela não poderia mais afetar o trabalho, desde que se fizesse abstração de sua forma útil. Não importa quais sejam as variações de sua força produtiva, o mesmo trabalho, atuando durante o mesmo tempo, fixa-se sempre no mesmo valor. Fornece, porém, num tempo determinado, mais valores de uso se sua força produtiva aumenta, menos se ela diminui. Toda mudança na força produtiva que aumenta a fecundidade do trabalho e, desse modo, o volume dos valores de uso liberados por ela diminui o valor desse volume assim aumentado se encurtar o tempo total de trabalho necessário à sua produção, e vice-versa.

Dessas considerações precedentes resulta que todo trabalho é, por um lado, dispêndio, na acepção fisiológica, de força humana, e, nessa qualidade de trabalho humano igual, ele forma o valor das mercadorias. Por outro lado, todo trabalho é dispêndio da força humana sob esta ou aquela forma produtiva, determinada por um objetivo particular, e nessa qualidade de trabalho concreto e útil, produz valores de uso ou utilidades. Do mesmo modo que a mercadoria deve, antes de tudo o mais, ser uma utilidade para ser um valor, do mesmo modo o trabalho deve ser, antes de tudo o mais, útil para ser considerado dispêndio de força humana, trabalho humano, no sentido abstrato da palavra.

Os químicos, a fim de penetrar o mistério da composição íntima dos corpos, tiveram que retomar a concepção do átomo dos filósofos gregos, o que levou Liebig[16] a declarar que a química atômica era a química dos corpos que não existiam. O economista, a fim de compreender a troca das mercadorias de qualidades e quantidades diferentes, deve, do mesmo modo, recorrer a uma concepção também totalmente abstrata, àquela do *trabalho simples*.[17]

A substância e a grandeza do valor estão determinadas: resta analisar a forma do valor que vai nos fornecer a solução do problema da moeda.

---

16. Justus von Liebig (1803-1873), químico alemão. (N.T.)

17. Le Trosne* dizia: "Todas as produções do mesmo gênero apenas formam propriamente uma massa cujo preço é determinado em geral e sem levar em conta as circunstâncias particulares." (*De l'Intérêt social*, Daix, 1893). (*Guillaume-François Le Trosne [1728-1780], economista francês [N.T.])
J.-B. Say* recorria a uma abstração semelhante, que excetua as qualidades diferentes dos trabalhos que contribuíram para a produção das mercadorias, ao dizer: "A estimativa do valor produzido é feita reduzindo-se todos os valores diversos àquele de um mesmo produto", dizendo, por exemplo: "Todos os valores produzidos na França no período de um ano são iguais ao valor que teriam quinhentos milhões de hectolitros de trigo". (*Traité d'Écon. politique*, Rapilly, 1826, vol. III, p. 284). Essa redução de todos os valores ao de uma só mercadoria, àquela do trigo, redução que já fizera Smith, equivale definitivamente a reduzir todos os trabalhos que contribuem para a criação das mercadorias ao trabalho simples do agricultor. (*Jean-Baptiste Say [1767-1832], economista francês [N.T.])

Parágrafo II — Forma do valor[18]

O valor de uma mercadoria somente se manifesta na troca: com efeito, no seio de uma comunidade indiana, onde não há trocas, os objetos produzidos mediante a atividade de seus membros são valores de uso, pois são criados somente para serem consumidos; são igualmente valores, uma vez que contêm trabalho humano. Mas esse valor encontra-se em estado latente e só aparece quando é feita a troca por produtos de outras comunidades. Nas sociedades mais desenvolvidas, a moeda de ouro e a de prata são a forma de que se reveste o valor de todas as mercadorias. Marx é o primeiro economista que forneceu a gênese da forma moeda, que desenvolveu a expressão do valor contido na relação de valor das mercadorias desde seu esboço mais simples e menos claro até essa forma de moeda que salta aos olhos de todos.

As mercadorias não envolvem, em geral, outras relações entre si, a não ser uma relação de valor ou de troca, cuja forma mais simples é:

x mercadoria A vale y mercadoria B, ou x mercadoria A = y mercadoria B.
20 metros de tecido valem uma roupa, ou 20 metros de tecido = 1 roupa.

O tecido exprime seu valor na roupa, e esta serve de matéria para essa expressão. O valor da primeira mercadoria é exposto como *valor relativo*, o segundo funciona como *equivalente*. Somos obrigados a inverter a equação para exprimir relativamente o valor da roupa, e, tão logo o fazemos, o tecido se torna equivalente ao seu posto. Uma mesma mercadoria não pode, portanto, se revestir simultaneamente dessas duas formas na mesma expressão do valor.

---

18. Loc. cit., cap. I, parágrafo 3.

Uma mercadoria só pode exprimir seu valor numa outra mercadoria, isto é, apenas relativamente, pois, se dizemos que 20 metros de tecido são iguais a 20 metros de tecido, tudo que exprimimos é que 20 metros de tecido não são outra coisa senão 20 metros de tecido, isto é, não são senão uma certa soma de valor de uso. Mas, a partir do momento em que uma mercadoria se coloca como equivalente, isso significa que, embora de espécie diferente daquela com a qual está frente a frente, é capaz de substituí-la como valor, realizar uma troca com ela; ela afirma conter um valor proporcional ao trabalho humano cristalizado.

Assim, a equação:

20 metros de tecido = 1 roupa...

... supõe que as duas mercadorias custam, ambas, o mesmo trabalho ou que são produzidas em tempo idêntico; mas esse tempo varia para cada uma delas, conforme cada variação da forma produtiva do trabalho que a criou. Examinemos agora a influência dessas variações sobre a expressão relativa da grandeza do valor.

I. Que o valor do tecido muda enquanto o valor da roupa permanece constante.[19] O tempo de trabalho necessário para sua produção, em consequência, dobra, suponho, de um menor rendimento do solo que fornece o linho, com o que, então, seu valor dobra. Em lugar de *20 metros de tecido = 1 roupa*, teríamos *20 metros de tecido = 2 roupas*, porque 1 *roupa* contém, agora, a metade a menos de trabalho. O tempo necessário para a produção do tecido, ao contrário, diminuindo pela metade em razão de um aperfeiçoamento concedido à tecelagem, tem seu valor diminuído na mesma proporção. A partir desse momento, *20 metros de tecido = meia roupa*. O *valor*

---

19. A expressão *valor* é empregada aqui, como já foi várias vezes, para designar *quantidade de valor*.

relativo da mercadoria A, isto é, seu valor expresso na mercadoria B, eleva-se ou abaixa consequentemente em razão direta do valor da mercadoria A se aquele da mercadoria B se mantém constante.

II. Que o valor do tecido se mantém constante enquanto o valor da roupa varia. O tempo necessário para a produção da roupa é dobrado nessas circunstâncias e, consequentemente, suponho, de uma tosquia da lã pouco favorável, em lugar de *20 metros de tecido = 1 roupa*, temos agora *20 metros de tecido = meia roupa*. O valor da roupa cai, ao contrário da metade, então *20 metros de tecido = 2 roupas*. O valor da mercadoria A se mantendo constante, percebe-se que seu valor relativo expresso na mercadoria B se eleva ou abaixa na razão inversa da mudança de valor de B.

III. As quantidades de trabalho necessárias para a produção do tecido e da roupa mudam simultaneamente no mesmo sentido e na mesma proporção? Nesse caso, *20 metros de tecido = 1 roupa*, como antes, não importa quais sejam suas mudanças de valor. Descobrem-se essas mudanças por comparação com uma terceira mercadoria cujo valor se mantém o mesmo. Se os valores de todas as mercadorias aumentassem ou diminuíssem simultaneamente e na mesma proporção, seus valores relativos não experimentariam nenhuma variação. Sua mudança real de valor seria reconhecida no fato de que, num tempo idêntico de trabalho, seria agora entregue em geral uma quantidade de mercadorias maior ou menor do que antes.

IV. Os tempos de trabalho necessários à produção tanto do tecido quanto da roupa, bem como os seus valores, podem simultaneamente mudar no mesmo sentido, mas num grau diferente ou num sentido oposto, etc. A influência de toda combinação possível desse gênero sobre o valor relativo de uma mercadoria é facilmente calculada mediante o emprego dos casos I, II e III.

As mudanças reais na grandeza do valor não se refletem, como se vê, nem clara nem completamente na sua expressão relativa.

O valor relativo de uma mercadoria pode mudar, ainda que seu valor permaneça constante; ele pode permanecer constante, ainda que seu valor mude; e, enfim, mudanças na quantidade de valor e na sua expressão relativa podem ser simultâneas sem corresponder exatamente.

Como uma mercadoria não pode estar relacionada a si mesma como equivalente, nem fazer de sua forma, isto é, de seu valor de uso, a expressão de seu valor, quer dizer, a forma de seu valor, deve necessariamente tomar como equivalente outra mercadoria cujo valor de uso lhe sirva, assim, de forma de valor. É assim que um corpo qualquer, um pão de açúcar ou um litro de oxigênio, para exprimir seu peso, é obrigado a assumir como equivalente um outro corpo, pedaços de metal cujo peso já é conhecido. Os pedaços de metal não conferem peso ao açúcar ou ao gás, tudo que fazem é constatar seu peso: do mesmo modo, a roupa ou qualquer outra mercadoria, 10 gramas de ouro, por exemplo, servindo de equivalente, não conferem valor à roupa, mas expressa seu valor.

A partir do momento em que se trata simplesmente de manifestar o valor de uma mercadoria, qualquer mercadoria, não importa qual, pode desempenhar essa função; é por isso que Homero exprime o valor de uma coisa por meio de uma série de coisas diferentes.[20] As expressões do valor de uma mercadoria podem, portanto, se tornar tão variadas quanto suas relações com outras mercadorias.

Havíamos partido da forma simples:

x mercadoria A = y mercadoria B,
20 metros de tecido = 1 roupa.

---

20. *Ilíada*, VII, 472-475.

E chegamos à forma desenvolvida:

x mercadoria A = y mercadoria B = v mercadoria C = z mercadoria D, etc.

20 metros de tecido = 1 roupa = 10 libras de chá = 40 libras de café = 10 gramas de ouro = um quintal de ferro, etc.

O valor de uma mercadoria, do tecido em nosso exemplo, é agora representado em outros equivalentes inumeráveis. Ele se reflete em qualquer outro corpo de mercadoria, como num espelho. Eis porque se fala do valor-roupa do tecido quando se exprime seu valor em roupas, de seu valor em trigo ou em prata. Cada expressão semelhante dá a entender que é o seu próprio valor que se manifesta nesses diversos valores de uso.

Todo outro trabalho, não importa qual seja a forma natural, corte, semeadura, extração de ferro ou de ouro, etc., é agora igualado ao trabalho fixado no valor do tecido, que manifesta, assim, seu caráter de trabalho humano. A forma total do valor relativo põe uma mercadoria numa relação social com todas. Ao mesmo tempo, a série interminável de suas expressões demonstra que o valor das mercadorias se reveste indiferentemente de toda forma particular de valor de uso.

Na primeira forma: *20 metros de tecido = 1 roupa,* pode parecer que é por acaso que essas duas mercadorias são passíveis de troca nessa proporção determinada.

Na segunda forma, pelo contrário, percebe-se imediatamente o que oculta essa aparência. O valor do tecido se mantém o mesmo, seja expresso em vestuário, em café, em ferro, por intermédio de mercadorias inumeráveis pertencentes aos mais diversos permutadores. Torna-se evidente que não é a troca que regula a quantidade de valor de uma mercadoria, mas, ao contrário, é a quantidade de valor da mercadoria que regula suas relações de troca.

A forma desenvolvida do valor pode ser escrita da maneira que se segue sem que se modifique seu caráter:

20 metros de tecido = 1 roupa
20 metros de tecido = 10 libras de chá
20 metros de tecido = 40 libras de café
20 metros de tecido = 10 gramas de ouro

Ou, então, desta outra forma:

$$\left.\begin{array}{r} \textit{1 roupa =} \\ \textit{10 libras de chá =} \\ \textit{40 libras de café =} \\ \textit{10 gramas de ouro =} \\ \textit{etc., etc. =} \end{array}\right\} \textit{20 metros de tecido}$$

As mercadorias exprimem agora seus valores: primeiramente de um modo simples, porque o exprimem numa única espécie de mercadoria; em segundo lugar, em conjunto, porque elas o exprimem numa mesma espécie de mercadorias. A forma-valor delas é simples e comum e, consequentemente, geral.

Tomamos como exemplo *20 metros de tecido = 1 roupa*; poder-se-ia igualmente tomar *40 libras de café = 10 gramas de ouro* ou *10 libras de chá = um quintal de ferro*, etc. Então, diferentes mercadorias exprimem seu valor relativo em outras diferentes mercadorias, o que quer dizer que as mercadorias são trocadas diretamente entre si. Evidentemente, essa forma de troca não se apresenta na prática senão em épocas primitivas, quando os produtos do trabalho só são transformados em mercadorias ocasionalmente, apenas por meio de trocas acidentais e isoladas.

Mas essa forma primitiva da troca foi substituída por uma outra, e, nesta, as mercadorias elegem para exprimir seu valor uma outra mercadoria especial, que pode indiferentemente ser gado, escravos, mulheres, ouro, ferro, etc. Essa forma se apresenta na realidade desde que um produto do trabalho, o gado, por exemplo, é trocado por outras mercadorias não mais de modo acidental, mas, sim, já de modo habitual. O gado se torna, então, o *equivalente comum* das outras mercadorias.

A partir do momento em que uma mercadoria chega a se colocar como equivalente geral, é difícil deslocá-la dessa função e reinstalar a troca imediata das demais mercadorias, assim como acreditou poder fazer Proudhon[21] e outros utopistas de um calibre tão pequeno. O mundo das mercadorias somente chega a estabelecer um equivalente comum porque todas as mercadorias, exceto uma única, são excluídas da forma de equivalente ou da forma sob a qual elas são direta e imediatamente permutáveis.

A mercadoria que desempenha o papel de equivalente geral não pode servir-se para si mesma de equivalente. Supondo que o metro de tecido seja o equivalente comum, ter-se-ia, por exemplo, *20 metros de tecido = 20 metros de tecido*, tautologia que não exprime nem valor nem quantidade de valor. Essa mercadoria não tem, portanto, equivalente comum como as outras mercadorias, porém, é obrigada a escolher uma arbitrariamente para exprimir seu valor.

Uma mercadoria só se converte em equivalente geral porque todas as outras mercadorias a distinguiram e a fizeram sair de suas fileiras para desempenhar esse papel. A partir do momento em que esse caráter exclusivo vem prender-se a um gênero especial de mercadoria, sua forma natural identifica-se pouco a pouco com a forma de equivalente que lhe é atribuída, adquire uma autenticidade social, torna-se mercadoria-moeda ou funciona como moeda. Sua função social específica e, consequentemente, seu monopólio

---

21. Joseph Proudhon (1809-1865), erudito socialista francês. (N.T.)

social consiste em desempenhar o papel de equivalente universal no mundo das mercadorias.

Se, na forma do equivalente comum, substituímos a mercadoria tecido pela mercadoria ouro, obtemos a *forma moeda ou dinheiro* na sua perfeição:

$$\left. \begin{array}{r} 20 \text{ metros de tecido} = \\ 1 \text{ roupa} = \\ 10 \text{ libras de chá} = \\ 40 \text{ libras de café} = \\ 1 \text{ quintal de ferro} = \\ \text{etc., etc.} = \end{array} \right\} 10 \text{ gramas de ouro}$$

A fórmula não mudou em nada, salvo pelo fato de que, agora, o ouro, em lugar do tecido, possui a forma de equivalente geral. O progresso consiste simplesmente no fato de que a forma de intercambialidade imediata e universal, ou a forma de equivalente geral, foi incorporada definitivamente na forma natural e específica do ouro.

O ouro desempenha o papel de moeda perante as outras mercadorias somente porque já desempenhava antes, diante delas, o papel de mercadoria. Do mesmo modo que todas elas, atuava também como equivalente, seja por acidente nas trocas isoladas, seja como equivalente particular ao lado de outros equivalentes. Gradativamente, atuou dentro de limites mais ou menos amplos como equivalente geral. Desde o momento em que conquistou o monopólio dessa posição na expressão do valor do mundo comercial, ele se torna mercadoria-moeda.

CAPÍTULO II
DAS TROCAS[22]

Todas as mercadorias são não-valores de uso para aqueles que as possuem e valores de uso para aqueles que não as possuem. Assim, é necessário que elas passem de uma mão para outra, de um extremo ao outro. Mas essa mudança de mãos constitui sua troca, e sua troca as relaciona umas com as outras como valores e as concretiza como valores. É necessário, portanto, que as mercadorias se manifestem como valores antes que possam se concretizar como valores de uso.

Por outro lado, é preciso que seu valor de uso seja constatado antes que elas possam se concretizar como valores, pois o trabalho humano despendido em sua produção só conta na medida em que é despendido de forma útil para os outros. Ora, somente sua troca pode demonstrar se esse trabalho é útil para os outros, isto é, se seu produto é capaz de satisfazer às necessidades alheias.

Para cada possuidor de mercadorias, toda mercadoria alheia é um equivalente particular da sua; sua mercadoria é, consequentemente, o equivalente geral de todas as outras. Mas, como todos aqueles que realizam trocas se encontram no mesmo caso, nenhuma mercadoria é equivalente geral, e o valor relativo das mercadorias não possui nenhuma forma geral sob a qual elas pudessem ser comparadas como quantidades de valor. Em síntese, elas não desempenham umas perante as outras o papel de mercadorias, mas aquele de simples produtos ou de valores de uso.

---

22. Loc. cit., cap. II.

Aqueles que realizam trocas só podem comparar seus artigos como valores e, por conseguinte, como mercadorias, os comparando a uma outra mercadoria qualquer que se coloca diante deles como equivalente geral. É isso que a análise precedente já demonstrou. Contudo, esse equivalente geral só pode ser o resultado de uma ação social. Uma mercadoria especial é, portanto, mediante um ato comum, posta à parte das outras mercadorias e serve para expor seus valores recíprocos. A forma natural dessa mercadoria torna-se, assim, a forma equivalente válida no âmbito social. O papel de equivalente geral é, daí por diante, a função social específica da mercadoria excluída, e ele se torna dinheiro.

No início, quando a troca das mercadorias somente ocorria fora das comunidades, a qualidade de equivalente geral se prendia ora a uma mercadoria, ora a outra, conforme as circunstâncias. Mas, a partir do momento em que a troca se estabelece no interior das comunidades, a qualidade de equivalente geral se prende exclusivamente a uma espécie particular de mercadoria ou se cristaliza sob forma de dinheiro. Primeiro, é o acaso que decide sobre qual gênero de mercadorias ela permanece fixada; entretanto, pode-se dizer que isso depende, em geral, de duas circunstâncias decisivas. A forma dinheiro adere ao bem ou aos artigos de importação mais importantes, que são, de fato, os primeiros a revelar o valor de troca dos produtos nativos, ou bem aos objetos, ou antes, ao objeto útil que forma o elemento principal da riqueza nativa alienável, como o gado, por exemplo. Os povos nômades são os primeiros a desenvolver a forma dinheiro, porque todos os seus bens e haveres se acham sob forma móvel e, por consequência, imediatamente alienável. Ademais, o gênero de vida deles os coloca constantemente em contato com sociedades estrangeiras, os atraindo, por isso mesmo, para a troca de produtos. Os seres humanos, com frequência, fizeram do próprio ser humano, na figura do escravo, a matéria primitiva do seu dinheiro; não foi, assim, jamais a terra. Tal ideia só podia surgir numa sociedade burguesa já desenvolvida. Data do último terço do século XVII, e sua realização só foi ensaiada em larga escala, em caráter nacional, um século depois, na Revolução de 1789 na França.

À medida que a troca rompe seus vínculos puramente locais, e que, por via de consequência, o valor das mercadorias passa a representar cada vez mais o trabalho humano em geral, a forma dinheiro passa às mercadorias cuja natureza as torna aptas a cumprir a função social de equivalente geral, quer dizer, aos metais preciosos.

Embora a prata e o ouro não sejam naturalmente moeda, a despeito disso a moeda é naturalmente prata e ouro, como o demonstra a adaptação das propriedades naturais desses metais às funções da moeda. Mas, até aqui, conhecemos apenas uma função da moeda, a de servir como forma de manifestação do valor das mercadorias ou como matéria na qual as quantidades de valor das mercadorias se exprimem socialmente. Ora, só há uma única matéria que pode ser uma forma própria para manifestação do valor ou para servir de imagem concreta do trabalho humano abstrato e, consequentemente, igual: é aquela da qual todos os exemplares possuem a mesma qualidade uniforme. Por outro lado, como valores somente diferem por sua quantidade, a mercadoria-moeda deve ser suscetível a diferenças puramente quantitativas; deve ser divisível à vontade e poder ser recomposta com a soma de todas as suas partes. Todos sabem que o ouro e a prata têm naturalmente todas essas propriedades.

O valor de uso da mercadoria-moeda torna-se duplo. Além de seu valor de uso particular como mercadoria, assim o ouro, por exemplo, serve de matéria-prima para artigos de luxo, para preencher dentes ocos, etc. Adquire um valor de uso formal que tem por origem sua função social específica.

Como todas as mercadorias não passam de equivalentes particulares do dinheiro, e o dinheiro é o equivalente geral das mercadorias, ele desempenha em relação a elas o papel de mercadoria universal, e as mercadorias, em relação ao dinheiro, representam apenas mercadorias particulares.

Vimos que a forma dinheiro ou moeda é apenas o reflexo das relações de valor de todo tipo de mercadorias numa única espécie de mercadoria. Que o próprio dinheiro seja mercadoria é algo, portanto, que só pode ser uma descoberta para aquele que toma por ponto de partida sua forma completamente rematada para chegar à sua análise na sequência. O movimento das trocas confere à mercadoria que ele transforma em dinheiro não seu valor, mas sua forma-valor específica. Confundindo duas coisas tão discordantes, fomos levados a considerar a prata e o ouro como valores puramente imaginários. O fato de o dinheiro, em certas funções suas, poder ser substituído por simples signos de si mesmo fez nascer este outro erro de que ele não passa de um simples signo.

Por outro lado, é verdade que esse erro levou a se pressentir que, sob a aparência de um objeto exterior, a moeda disfarça, na realidade, uma relação social. Nesse sentido, toda mercadoria seria um signo, porque só tem valor como envoltório material do trabalho humano despendido na sua produção.

Já observamos que a forma equivalente de uma mercadoria não permite que se saiba nada a respeito do montante de sua quantidade de valor. Se sabemos que o ouro é moeda, isto é, permutável com todas as mercadorias, não sabemos graças a isso quanto valem, por exemplo, 10 gramas de ouro. Como toda mercadoria, o dinheiro só pode representar sua própria quantidade de valor relativamente em outras mercadorias. Seu próprio valor é determinado pelo tempo de trabalho necessário à sua produção e é expresso no *quantum* de qualquer outra mercadoria que exigiu um trabalho de idêntica duração. Essa fixação de sua quantidade de valor relativo tem lugar na própria fonte de sua produção na sua primeira troca. A partir do momento que entra em circulação como moeda, seu valor é dado. Já nos últimos anos do século XVII, fora positivamente constatado que a moeda é mercadoria; todavia, essa análise se encontrava somente em seus primeiros passos. A dificuldade não consiste em compreender que a moeda é mercadoria, mas, sim, em saber como e por que uma mercadoria se converte em moeda. Uma mercadoria não parece se tornar dinheiro porque as outras mercadorias nela exprimem reciprocamente seus valores: muito pelo contrário, estes últimos parecem nela exprimir seus valores porque ela é dinheiro. O movimento que serviu de intermediário desapareceu no seu próprio resultado e não deixa nenhum traço. As mercadorias encontram, sem parecer que tenham para isso contribuído em nada, seu próprio valor representado e fixado no corpo de uma mercadoria que existe ao lado e externamente a elas. Essas coisas simples, prata e ouro, tais como saem das entranhas da terra, logo figuram como encarnação imediata de todo trabalho humano. Daí a magia do dinheiro.

CAPÍTULO III
CIRCULAÇÃO DAS MERCADORIAS

Parágrafo I — Medida dos valores[23]

A primeira função do ouro[24] consiste em fornecer ao conjunto das mercadorias matéria na qual elas exprimam seus valores como grandezas da mesma denominação, de igual qualidade e comparáveis do ponto de vista da quantidade. O ouro funciona, portanto, como medida universal dos valores. É em virtude dessa função que o ouro, a mercadoria equivalente, torna-se moeda.

Não é a moeda que torna as mercadorias mensuráveis: pelo contrário. É porque as mercadorias, enquanto valores, são trabalho materializado e, consequentemente, comensuráveis entre elas, que podem medir, todas em conjunto, seus valores numa mercadoria especial, e transformar esta última em moeda, isto é, tornar a medida delas comum. Mas a medida dos valores mediante a moeda é a forma que deve necessariamente representar sua medida imanente, a duração de trabalho.

A expressão do valor de uma mercadoria em ouro:

x *mercadoria* A = y *mercadoria-moeda*, é sua forma moeda ou seu preço.

O preço ou a forma moeda das mercadorias é, como a forma-valor em geral, distinto do corpo delas ou da forma natural delas,

---

23. Loc. cit., cap. III, parágrafo 1.
24. Para efeito de simplificação, supõe-se que o ouro é a mercadoria que cumpre as funções de moeda.

algo de ideal. O valor do ferro, do tecido, do trigo, etc. reside nessas próprias coisas, ainda que de modo invisível. É representado pela igualdade que elas têm com o ouro, por uma relação com esse metal, o qual existe apenas, por assim dizer, no conceito das mercadorias. O permutador é, então, obrigado ou a emprestar a elas sua própria língua ou lhes atribuir inscrições por escrito a fim de anunciar o preço delas ao mundo exterior.

A expressão do valor das mercadorias em ouro, sendo pura e simplesmente ideal, tudo de que se necessita para essa operação é um ouro ideal ou que existe apenas na imaginação.

Não há merceeiro que não saiba muito bem que está longe de haver feito ouro com suas mercadorias quando atribuiu ao valor delas a forma preço ou a forma ouro pela imaginação, e que não tem necessidade de um grão de ouro real para estimar em ouro milhões de valores em mercadorias. Na sua função de medida dos valores, a moeda somente é empregada como moeda ideal. Essa circunstância deu ensejo às teorias mais extravagantes. Mas, ainda que a moeda, enquanto medida de valor, apenas atue idealmente e que o ouro empregado com esse objetivo seja, consequentemente, tão só o ouro imaginado, o preço das mercadorias, nem por isso, deixa de depender menos completamente da matéria da moeda. O valor, quer dizer, o *quantum* de trabalho humano que está contido, por exemplo, numa tonelada de ferro, é expresso pela imaginação pelo *quantum* da mercadoria-moeda que custa precisamente tanto quanto de trabalho.

A partir do momento em que as mercadorias, para representar o seu valor, devem reportar-se a uma quantidade de ouro determinada como termo de comparação, como unidade de medida, e essa quantidade de ouro deve ter uma autenticidade social, a lei a regula. Essa quantidade fixa se torna o padrão dos preços.

Os preços ou os *quanta* de ouro nos quais são transformadas idealmente as mercadorias são agora expressos pelas designações monetárias do padrão: assim, em lugar de dizer que um saco de trigo vale 10 gramas de ouro, dizemos que vale 20 francos.

O preço, a designação monetária do trabalho concretizado na mercadoria, indica que ela é permutável com a moeda e que ela deve ser permutada. Por outro lado, o ouro funciona como medida ideal do valor somente porque já se acha no mercado a título de mercadoria-moeda.

Parágrafo II — Meio de circulação[25]

a) *A metamorfose das mercadorias*. A troca faz passarem as mercadorias das mãos nas quais elas são não-valores de uso para as mãos nas quais elas servem de valores de uso. O produto de um trabalho útil substitui o produto de um outro trabalho útil. É a circulação social das matérias. Uma vez que chega ao lugar em que serve de valor de uso, a mercadoria passa da esfera das trocas para a esfera do consumo. Essa circulação material, porém, se realiza somente mediante uma série de mudanças de forma ou uma metamorfose da mercadoria que temos de estudar agora.

Transportemo-nos para o teatro da ação, para o mercado, onde o ouro ocupa um polo, e todas as mercadorias, o polo oposto, e vejamos como isso ocorre.

Um permutador qualquer, um tecelão, traz sua mercadoria, 20 metros de tecido, a um preço determinado, digamos, 40 francos. Ele a troca por 40 francos; depois ele troca esses 2 luíses[26] por uma roupa de que precisa para o seu uso pessoal.

A troca não se realiza, portanto, sem dar lugar a duas metamorfoses opostas e que se completam entre si — transformação

---

25. Loc. cit., cap. III, parágrafo 2.

26. O luís (*louis*), alusivo ao rei Luís XIII, era uma moeda de ouro (cunhada pela primeira vez em 1640) de valor correspondente a 20 francos. (N.T.)

da mercadoria em dinheiro e sua retransformação de dinheiro em mercadoria. Essas duas metamorfoses da mercadoria apresentam simultaneamente, do ponto de vista de seu possuidor, dois atos: venda, troca da mercadoria pelo dinheiro; compra, troca do dinheiro pela mercadoria. E o conjunto desses dois atos é: *vender para comprar*.

O resultado, para o tecelão, nesse negócio é ele possuir agora uma roupa e não o tecido, e, em lugar de sua mercadoria, uma outra de valor igual, mas de utilidade diferente.

A troca da mercadoria implica, portanto, as mudanças de forma seguintes:

$$Mercadoria - Dinheiro - Mercadoria$$
$$M \underline{\hspace{2cm}} D \underline{\hspace{2cm}} M$$

Se considerado sob seu aspecto puramente material, o movimento tem como resultado M — M, troca de mercadoria por mercadoria, permuta de matérias do trabalho social. Tal é o resultado no qual o fenômeno vem a se extinguir.

Temos agora que examinar separadamente cada uma das duas metamorfoses sucessivas pelas quais a mercadoria deve passar.

M — A. *Primeira metamorfose da mercadoria ou venda.*

O valor da mercadoria salta de seu próprio corpo para o do ouro. É o seu salto arriscado. Se ele falhar, ela não ficará pior com isso, mas seu possuidor estará frustrado. Simplesmente multiplicando suas necessidades, a divisão social do trabalho nessas condições teve de limitar sua capacidade produtiva. Isso precisamente porque seu produto só lhe serve de valor de troca ou de equivalente geral. Todavia, ele apenas adquire essa forma convertendo-se em dinheiro, e o dinheiro se encontra no bolso de outra pessoa. Para retirá-lo daí, é necessário, antes de tudo, que a mercadoria seja valor de uso para o comprador, que o trabalho despendido nela tenha sido executado de uma forma socialmente útil ou que seja legitimado como ramo da divisão social do trabalho. Mas a divisão do trabalho cria um organismo espontâneo de produção cujos fios foram tecidos e ainda se tecem com o desconhecimento dos produtores que realizam a troca.

Um produto satisfaz, hoje, a uma necessidade social; amanhã, talvez seja substituído total ou parcialmente por um produto concorrente. Mesmo que o trabalho, como o do nosso tecelão, seja de um membro patenteado da divisão social do trabalho, o valor de uso de *seus* 20 metros de tecido não é, em função disso, garantido precisamente. Se a necessidade de tecido na sociedade, e esta necessidade tem sua medida como qualquer outra coisa, já está satisfeita pelos tecelões concorrentes, o produto de nosso amigo torna-se supérfluo e, consequentemente, inútil. Suponhamos, entretanto, que o valor útil de seu produto seja constatado e que o dinheiro seja atraído pela mercadoria. Quanto dinheiro? Tal é agora a questão. É verdade que a resposta já se acha antecipadamente no preço da mercadoria, a expor sua grandeza de valor. Fazemos abstração do lado fraco do vendedor, dos erros de cálculo mais ou menos intencionais, os quais são, sem indulgência, corrigidos no mercado. Suponhamos que haja despendido tão só o tempo socialmente necessário para confeccionar seu produto. O preço de sua mercadoria não é, portanto, senão a designação monetária do *quantum* de trabalho exigido, em média, por todo artigo de tipo idêntico. Mas, sem que o nosso tecelão o saiba e sem sua permissão, os velhos procedimentos empregados para a tecelagem foram instalados num lugar que ocupa uma posição inferior: o tempo de trabalho socialmente necessário ontem para a produção de um metro de tecido não é mais o de hoje, como o homem precavido é cioso ao demonstrá-lo por meio da tarifa de seus concorrentes. Para sua infelicidade, há muitos tecelões no mundo.

Suponhamos, enfim, que cada pedaço de tecido que se encontra no mercado tenha custado somente o tempo de trabalho socialmente necessário. Todavia, a soma total desses pedaços pode representar o trabalho despendido como pura perda. Se o estômago do mercado for incapaz de absorver todo o tecido ao preço normal de 2 francos por metro, isso provará que uma parte grande demais do trabalho social foi despendida sob forma de tecelagem. O efeito é o mesmo que se cada tecelão em particular houvesse empregado para seu produto individual mais do que o trabalho necessário socialmente. É o caso de dizer aqui, de acordo com o provérbio alemão: "Capturados juntos, enforcados juntos". Todo o tecido no mercado constitui somente um único artigo de comércio do qual cada pedaço não passa de uma parte alíquota.

Assim, nossos permutadores descobrem que a mesma divisão do trabalho que faz deles produtores privados independentes torna o andamento da produção social e as relações criadas por ela completamente independentes de suas vontades, de sorte que a independência das pessoas umas perante as outras encontra seu complemento obrigado num sistema de dependência recíproca imposto pelas coisas.

A divisão do trabalho transforma o produto do trabalho em mercadoria, e precisa, por isso mesmo, de sua transformação em dinheiro. Ela representa, no mesmo tempo, o êxito dessa transubstanciação acidental. Aqui, entretanto, temos que considerar o fenômeno na sua integridade, e devemos, então, supor que seu andamento é normal. De resto, se a mercadoria não é absolutamente invendável, sua mudança de forma sempre ocorre, não importa qual seja seu preço de venda.

Voltemos à troca. O que salta aos olhos é que mercadoria e ouro, 20 metros de tecido e 2 luíses, mudam de mão ou de lugar. A mercadoria concretiza seu preço, isto é, compra o ouro, pois *venda é compra*, diz Quesnay,[27] ou *vender é comprar*. Portanto, M — D é, ao mesmo tempo, D — M.

---

27. François Quesnay (1694-1774), médico e economista francês. (N.T.)

Até aqui, não conhecemos outra relação econômica entre os seres humanos senão aquela dos realizadores de trocas, relação na qual eles somente se apropriam do produto de um trabalho alheio entregando os seus. Se, portanto, um dos permutadores se apresenta a outro como possuidor de moeda, serão necessárias de duas coisas, uma: ou o produto de seu trabalho possui por natureza a forma moeda, isto é, que seu produto para ele seja ouro, prata, etc., numa palavra, matéria da moeda, ou sua mercadoria já mudou de pele, ela foi vendida e, por isso mesmo, despojou-se de sua forma primitiva. Para atuar na qualidade de moeda, o ouro deve naturalmente se apresentar no mercado num ponto qualquer. Ele ingressa no mercado na própria fonte de sua produção, isto é, ali onde ele é trocado como produto imediato do trabalho por um outro produto de mesmo valor.

Mas, a partir desse instante, ele representa sempre um *preço de mercadoria concretizado*. Independentemente da troca do ouro por mercadorias na sua fonte de produção, o ouro é, entre as mãos de cada produtor-permutador, o produto de uma venda ou da primeira metamorfose de sua mercadoria, M — D. O ouro tornou-se moeda ideal ou medida dos valores, porque as mercadorias exprimiam seus valores nele e, assim fazendo, produziam sua figura-valor imaginada, oposta às formas naturais delas de produtos úteis. Ele se torna moeda real por meio da alienação universal das mercadorias. Esse movimento as convertia todas em ouro, e faz, por isso mesmo, do ouro sua figura metamorfoseada, não mais na imaginação, mas na realidade. O último traço de suas formas usuais e dos trabalhos concretos dos quais elas extraem sua origem, tendo assim desaparecido; tudo o que resta são amostras uniformes e indistintas do mesmo trabalho social. Ao se ver uma moeda, não se saberia dizer qual o artigo que foi nela convertido. A moeda, então, pode ser de lama, embora a lama não seja moeda.

Suponhamos agora que as duas peças de ouro pelas quais nosso tecelão alienou sua mercadoria provêm da metamorfose de um saco de trigo. A venda do tecido, M — D, é, ao mesmo tempo, sua compra, D — M. Na qualidade de tecido vendido, essa mercadoria inicia um movimento que finda pelo seu contrário, a *compra da roupa*; na qualidade de tecido comprado, ela encerra um movimento que foi iniciado pelo seu contrário, a venda do trigo, M — A (tecido — dinheiro). Essa primeira fase de M — D — M (tecido — dinheiro — roupa) é, ao mesmo tempo, D — M (dinheiro — tecido), a última fase de um outro movimento, M — D — M (trigo — dinheiro — tecido). A *primeira metamorfose de uma mercadoria*, sua passagem da forma mercadoria para a forma dinheiro, é sempre *segunda metamorfose* inteiramente *oposta de uma outra mercadoria*, seu retorno da forma dinheiro para a forma mercadoria.

D — M. *Segunda metamorfose e final.* — *Compra.*

O dinheiro é a mercadoria que tem por característica a alienabilidade absoluta, porque ele é o produto da alienação universal de todas as outras mercadorias. Ele lê todos os preços em sentido contrário e se reflete, assim, nos corpos de todos os produtos, como na matéria que se oferece a ele para que ele mesmo se torne valor de uso. Ao mesmo tempo, os preços, que são, por assim dizer, as olhadelas furtivas amorosas que lhe lançam as mercadorias, indicam o limite de sua faculdade de conversão, isto é, sua própria quantidade. Desaparecendo a mercadoria no ato de sua conversão em dinheiro, o dinheiro do qual dispõe um particular não deixa entrever nem como caiu em suas mãos nem qual coisa foi nele transformada. Impossível discernir, *non olet*, de onde ele tira sua origem. Se, por um lado, ele representa mercadorias vendidas, representa, por outro, mercadorias a serem compradas.

D — M, a compra, é, ao mesmo tempo, venda, M — D, a última metamorfose de uma mercadoria, a primeira de uma outra. Para nosso tecelão, a carreira de sua mercadoria termina na roupa, na qual ele converteu seus 2 luíses. O vendedor da roupa, porém, despende essa soma em aguardente.

D — M, a última fase de M — D — M (tecido — dinheiro — roupa) é, ao mesmo tempo, M — D, a primeira fase de M — D — M (roupa — dinheiro — aguardente).

A divisão social do trabalho restringe cada produtor-permutador à confecção de um artigo especial que ele vende frequentemente por atacado. Por outro lado, suas necessidades diversas e sempre renascentes o forçam a empregar o dinheiro assim obtido em compras mais ou menos numerosas. Uma só venda se torna o ponto de partida de diversas compras. A metamorfose final de uma mercadoria forma, desse modo, uma soma de primeiras metamorfoses de outras mercadorias.

Venda e compra são um ato *idêntico* como relação recíproca de *duas pessoas polarizadamente opostas*, do possuidor da mercadoria e do possuidor do dinheiro. Eles formam *dois atos polarizadamente opostos,* como ações *da mesma pessoa.* A identidade de venda e de compra acarreta, então, como consequência, a mercadoria tornar-se *inútil* se, uma vez lançada na réplica alquímica da circulação, dela não emerge como *dinheiro.* Se um não a compra, o outro não pode vender. Essa identidade supõe, ademais, que o sucesso da transação forma um ponto de parada, um intermédio na vida da mercadoria, intermédio que pode durar mais ou menos tempo. A primeira metamorfose de uma mercadoria sendo simultaneamente venda e compra é, por isso mesmo, separável de sua metamorfose complementar. O comprador tem a mercadoria, o vendedor, o dinheiro,[28] isto é, uma mercadoria dotada de uma forma que a torna sempre bem-vinda no mercado, a qualquer momento que ela nele reapareça. Ninguém pode vender sem que outra pessoa compre; mas ninguém tem necessidade de comprar imediatamente porque vendeu algo.

---

28. "*L'acheteur a la marchandise, le vendeur a l'argent*". Parece-nos haver aqui uma inversão. (N.T.)

A circulação produz o salto das barreiras pelas quais o tempo, o espaço e as relações entre indivíduos limitam a troca dos produtos. Mas como? No comércio das trocas, ninguém pode alienar seu produto sem que, simultaneamente, uma outra pessoa aliene o dela. A identidade imediata desses dois atos da circulação a cinde, nela introduzindo a antítese da venda e da compra. Após haver vendido, não sou forçado a comprar nem no mesmo lugar, nem na mesma ocasião, nem da mesma pessoa para a qual eu vendi. É verdade que a compra é o complemento obrigatório da venda, porém, não é menos verdadeiro que a unidade delas é a unidade de contrários. Se a separação de duas fases complementares uma à outra, da metamorfose das mercadorias, se prolonga, se a cisão entre a venda e a compra se acentua, a ligação íntima delas se afirma por meio de uma crise.

b) *Curso da moeda*. A partir do momento em que o vendedor completa a venda por meio da compra, o dinheiro também escapa de suas mãos. O movimento transmitido ao dinheiro pela circulação das mercadorias não é, portanto, circulatório. A circulação o distancia das mãos de seu possuidor sem jamais reconduzi-lo a ele. É verdade que, se o tecelão, depois de ter vendido 20 metros de tecido e, em seguida, ter comprado a roupa, vende tecido novamente, o dinheiro retorna a ele. Mas o dinheiro não se originará para o tecelão da circulação dos primeiros 20 metros de tecido. Seu retorno exige a *renovação* ou a repetição do mesmo movimento circulatório para uma mercadoria nova e finda pelo mesmo resultado de antes. O movimento que a circulação das mercadorias imprime ao dinheiro o afasta, portanto, constantemente de seu ponto de partida, a fim de fazê-lo passar ininterruptamente de uma mão à outra: é o que chamamos de curso da moeda (*currency*).

O curso da moeda é a repetição constante e monótona do mesmo movimento. A mercadoria está sempre do lado do vendedor, o dinheiro, sempre do lado do comprador, como *meio de compra*. Nessa qualidade, sua função é efetivar o preço das mercadorias. Ao concretizar o preço delas, o dinheiro faz passar a mercadoria do vendedor ao comprador, enquanto passa a si mesmo deste último para o primeiro, a fim de recomeçar a mesma marcha com uma outra mercadoria. É a moeda que parece produzir a circulação das mercadorias imóveis por si mesmas e transferi-las das mãos onde estão, dos não-valores de uso, para as mãos onde elas são valores de uso numa direção sempre oposta à sua própria. Ela distancia constantemente as mercadorias da esfera da circulação ao colocar-se constantemente em seu lugar e ao abandonar o seu. Embora o movimento da moeda seja apenas a expressão da circulação das mercadorias, é, ao contrário, a circulação das mercadorias que parece resultar tão só do movimento da moeda.

Por outro lado, a moeda só atua como meio de circulação porque é a forma-valor das mercadorias efetivada. Seu movimento é, portanto, realmente apenas o próprio movimento de forma delas, o qual, consequentemente, deve refletir-se e tornar-se palpável no curso da moeda. É, assim, o que acontece. O tecido, por exemplo, muda primeiramente sua forma mercadoria em sua forma moeda. O último termo de sua primeira metamorfose (M — D), a forma moeda, é o primeiro termo de sua última metamorfose, sua reconversão em mercadoria usual, em roupa (D — M). Mas, cada uma dessas mudanças de forma se produz por meio de uma troca entre mercadoria e moeda ou por meio de um deslocamento recíproco delas. As mesmas peças de ouro mudam, no primeiro ato, de lugar com o tecido e, no segundo ato, com a roupa. São deslocadas duas vezes. A primeira metamorfose do tecido as faz entrar no bolso do tecelão, e a segunda metamorfose as faz sair dele. As duas mudanças de formas inversas que a mesma mercadoria sofre refletem-se, portanto, na dupla mudança de lugar, em direção oposta, das mesmas peças de moeda.

Na repetição frequente do deslocamento das mesmas unidades de moeda não se reflete mais somente a série de metamorfoses de uma só mercadoria, mas também a engrenagem de metamorfoses semelhantes umas às outras.

Cada mercadoria, na sua primeira mudança de forma, no seu primeiro passo na circulação, dela desaparece para nela ser incessantemente substituída por outras mercadorias. O dinheiro, ao contrário, como meio de troca, habita sempre a esfera da circulação e nela caminha incessantemente. Trata-se agora de saber qual é a quantidade de moeda que essa esfera é capaz de absorver.

Num país são feitas, a cada dia e simultaneamente, e ao lado umas das outras, vendas mais ou menos numerosas ou metamorfoses parciais de diversas mercadorias. O valor dessas mercadorias é expresso por seus preços, isto é, em somas de ouro imaginado. A quantidade de moeda exigida pela circulação de todas as mercadorias presentes no mercado é, portanto, determinada pela soma total de seus preços. Tudo que a moeda faz é representar realmente essa soma de ouro já expressa idealmente na soma dos preços das mercadorias. A igualdade dessas duas somas se faz compreender, portanto, por si mesma. Sabemos, entretanto, que, se os valores das mercadorias permanecem constantes, seus preços variam com o valor do ouro (da matéria moeda), subindo proporcionalmente à sua diminuição e abaixando proporcionalmente à sua elevação. Tais variações na soma dos preços a serem efetuados acarretam necessariamente mudanças proporcionais na quantidade de moeda corrente. Essas mudanças provêm, em último lugar, da própria moeda, mas, bem entendido, não enquanto esta atua como instrumento de circulação, mas enquanto atua como medida do valor. Em tais casos, há, a princípio, mudanças no valor da moeda. Depois, o preço das mercadorias varia em razão inversa do valor da moeda; e, enfim, o volume da moeda corrente varia em razão direta do preço das mercadorias.

Vimos que a circulação tem uma porta pela qual o ouro (ou qualquer outra matéria moeda) adentra como mercadoria. Antes de atuar como medida dos valores, seu próprio valor é então determinado. Virá ele agora a mudar, digamos diminuir, isso será percebido primeiramente na fonte da produção do metal precioso, ali onde são feitas trocas por outras mercadorias. Os preços delas subirão, enquanto muitas outras mercadorias continuarão a ser estimadas pelo valor passado e tornado ilusório do metal-moeda. Esse estado de coisas pode durar mais ou menos tempo segundo o grau de desenvolvimento do mercado universal. Entretanto, pouco a pouco uma mercadoria deve influenciar outra mediante sua relação de valor com ela; os preços em ouro ou prata das mercadorias se põem gradualmente em equilíbrio com seus valores comparativos, até que os valores de todas as mercadorias sejam, enfim, estimados de acordo com o valor novo do metal-moeda. Todo esse movimento é acompanhado de um aumento contínuo do metal precioso que vem substituir as mercadorias trocadas por ele. À medida, portanto, que a tarifa corrigida dos preços das mercadorias se generaliza e que há, consequentemente, uma elevação geral dos preços, o aumento de metal exigido para sua concretização se acha também já disponível no mercado. Uma observação imperfeita dos fatos que se seguiram à descoberta das novas minas de ouro e de prata conduziu, no século XVII, e de forma notável no século XVIII, a esta conclusão errônea, a saber, que os preços das mercadorias estavam elevados porque uma maior quantidade de ouro e de prata funcionava como instrumento de circulação. Nas considerações que se seguem, o valor do ouro é suposto como *dado*, como ele, com efeito, o é no momento da fixação dos preços.

Uma vez admitido isso, o volume de ouro que circula será, portanto, determinado pelo preço total das mercadorias a serem produzidas. Se o preço de cada espécie de mercadoria é dado, a soma total dos preços dependerá evidentemente do volume das mercadorias em circulação. Pode-se compreender, sem buscar arduamente uma solução, que, se um saco de trigo custa 2 luíses, cem sacos custarão 200 luíses, e assim por diante, e que, com o aumento do volume do trigo, deve crescer a quantidade de ouro que na venda muda de lugar com ele.

O volume das mercadorias sendo dado, as flutuações de seus preços podem reagir sobre o volume da moeda circulante. Ele irá subir ou baixar conforme aumentar ou diminuir a soma total dos preços a serem efetuados. Para isso não é necessário que os preços de todas as mercadorias subam ou baixem simultaneamente. A elevação ou a diminuição de um certo número de artigos principais basta para influir sobre a soma total dos preços a serem efetuados. Quer a mudança de preço das mercadorias reflita mudanças reais de valor, quer provenha de simples oscilações do mercado, o efeito produzido na quantidade de moeda circulante se mantém o mesmo.

Seja um certo número de vendas sem vínculo recíproco, simultâneas e, por isso mesmo, se efetivando umas do lado das outras, seja metamorfoses parciais, por exemplo, de um saco de trigo, 20 metros de tecido, 1 roupa, 4 tonéis de aguardente. Se cada artigo custa 2 luíses, a soma de seus preços é 8 luíses, e, para concretizá-los, é preciso jogar 8 luíses na circulação. Essas mesmas mercadorias formam, ao contrário, a série de metamorfoses conhecidas: 1 saco de trigo — 2 luíses — 20 metros de tecido — 2 luíses — 1 roupa — 2 luíses — 4 tonéis de aguardente — 2 luíses, e, então, *os mesmos* 2 luíses fazem circular, na ordem indicada, essas mercadorias diversas, concretizando sucessivamente os seus preços e se detendo, enfim, nas mãos do destilador. Realizam, assim, quatro turnos.

O deslocamento quatro vezes repetido dos 2 luíses resulta das metamorfoses completas, umas entrelaçadas nas outras, do trigo, do tecido e da roupa, que findam pela primeira metamorfose da aguardente. Os movimentos opostos e complementares uns dos outros, dos quais se forma uma tal série, ocorreram sucessivamente e não simultaneamente. É-lhes necessário mais ou menos tempo para se produzirem. A velocidade do curso da moeda é medida, portanto, pelo número de giros das mesmas unidades de moeda num tempo dado. Suponhamos que a circulação das quatro mercadorias dure um dia. A soma dos preços a serem concretizados é 8 luíses. O número de giros de cada unidade durante o dia: 4 luíses. O volume de moeda circulante: 2 luíses. E teremos, então:

Soma dos preços das mercadorias dividida pelo número dos giros das peças da mesma denominação num tempo dado = volume da moeda funcionando como instrumento de circulação.

Essa lei é geral. A circulação das mercadorias num país por um tempo dado encerra muitas vendas isoladas (ou compras), isto é, metamorfoses parciais e simultâneas nas quais a moeda muda somente uma vez de lugar ou executa um só giro. Por outro lado, há séries de metamorfoses mais ou menos ramificadas, produzindo-se lado a lado ou entrelaçando-se umas nas outras onde as mesmas unidades de moeda realizam giros mais ou menos numerosos. As unidades particulares das quais se compõe a soma total da moeda em circulação atuam, portanto, em graus de atividade muito diversos, mas o total das unidades de cada denominação concretiza, durante um dado período, uma certa soma de preços. É estabelecida, portanto, uma velocidade média do curso da moeda.

O volume do dinheiro que, por exemplo, é lançado na circulação num dado momento é naturalmente determinado pelo preço total das mercadorias vendidas umas ao lado das outras. Mas, na própria corrente da circulação, cada unidade de moeda se torna, por assim dizer, responsável por sua vizinha. Se uma acelera sua marcha, a outra a torna mais lenta, ou então é completamente repelida da esfera da circulação, já que só pode absorver um volume de ouro que, multiplicado pelo número mediano de seus giros, iguala a soma dos preços a serem concretizados. Se os giros da moeda aumentam, seu volume diminui; se seus giros diminuem, seu volume aumenta. Sendo dada a velocidade média da moeda, o volume capaz de funcionar como instrumento da circulação se acha igualmente determinado. Bastará, portanto, por exemplo, lançar na circulação um certo número de cédulas de 1 luís para fazer dele sair tantos quantos luíses em ouro — artifício bem conhecido por todos os bancos.

Do mesmo modo que o curso da moeda, em geral, recebe seu impulso e sua direção da circulação das mercadorias, a rapidez de seu movimento apenas repete a rapidez das mudanças de forma delas, o reingresso contínuo das séries de metamorfoses umas nas outras, o desaparecimento súbito das mercadorias da circulação e sua substituição também súbita pelas mercadorias novas. No curso acelerado da moeda aparece, assim, a *unidade fluida* das fases opostas e complementares, transformação do aspecto uso das mercadorias em seu aspecto valor e retransformação do seu aspecto valor em seu aspecto uso, ou a unidade da venda e da compra como dois atos alternativamente executados pelos mesmos permutadores. Inversamente, a desaceleração do curso da moeda leva ao aparecimento da *separação* desses fenômenos e à sua *tendência a se isolar, em oposição, um do outro,* a interrupção das mudanças de forma e, consequentemente, as permutas de matérias. A circulação naturalmente não deixa se perceber de onde provém essa interrupção; tudo que mostra é o fenômeno. Quanto ao vulgo, que, à medida que a circulação da moeda tem sua intensidade reduzida, vê o dinheiro aparecer e desaparecer menos frequentemente em todos os pontos da periferia da circulação, é levado a procurar a explicação do fenômeno na quantidade insuficiente do metal circulante.

O *quantum* total do dinheiro que atua como instrumento de circulação num dado período é, portanto, determinado, por um lado, pela *soma dos preços* de todas as mercadorias circulantes, por outro, pela velocidade relativa de suas metamorfoses. Mas o preço total das mercadorias depende não apenas do *volume,* mas também dos preços de cada espécie de mercadoria. Esses três fatores: *movimento dos preços, volume das mercadorias circulantes* e, enfim, *velocidade do curso da moeda,* podem mudar em proporções diversas e numa direção diferente; a *soma dos preços a serem concretizados* e, consequentemente, o *volume* dos meios de circulação exigidos por ela podem, portanto, sofrer igualmente numerosas combinações das quais mencionaremos aqui somente as mais importantes na história dos preços.

Se os preços permanecem os mesmos, o volume dos meios de circulação pode aumentar, seja porque o volume das mercadorias circulantes aumenta, seja porque a velocidade do curso da moeda diminui, ou porque essas duas circunstâncias atuam em conjunto. Inversamente, o volume dos meios de circulação pode diminuir se o volume das mercadorias diminui ou se a moeda acelera seu curso.

Se os preços das mercadorias sofrem uma elevação geral, o volume dos meios de circulação pode se conservar o mesmo se o volume das mercadorias circulantes diminuir na mesma proporção da elevação dos preços delas ou se a velocidade do curso da moeda aumenta tão rapidamente quanto a elevação dos preços, enquanto o volume das mercadorias em circulação se mantém o mesmo. O volume dos meios de circulação pode decrescer, quer porque o volume das mercadorias decresce, quer porque a velocidade do curso do dinheiro cresce mais rapidamente do que os preços delas.

Se os preços das mercadorias sofrem uma queda geral, o volume dos meios de circulação pode permanecer o mesmo se o volume das mercadorias crescer na mesma proporção da queda dos preços delas, ou se a velocidade do curso do dinheiro diminuir na mesma proporção dos preços. Essa velocidade pode aumentar se o volume das mercadorias crescer mais depressa ou se a rapidez da circulação diminuir mais prontamente do que a queda dos preços.

As variações dos diferentes fatores podem compensar-se reciprocamente, de tal modo que, a despeito de suas oscilações perpétuas, a soma total dos preços a serem concretizados permaneça constante e, consequentemente, também o volume da moeda corrente. Com efeito, se considerarmos períodos de uma certa duração, encontraremos os desvios do nível médio bem menores do que aí esperávamos encontrar à primeira vista, à parte, entretanto, de intensas perturbações periódicas que provêm quase sempre de crises industriais e comerciais e, excepcionalmente, de uma variação no próprio valor dos metais preciosos.

Essa lei de que a quantidade dos meios de circulação é determinada pela soma dos preços das mercadorias circulantes e pela velocidade média do curso da moeda equivale ao seguinte: sendo dadas não apenas a soma de valor das mercadorias como também a velocidade média de suas metamorfoses, a quantidade do metal precioso em circulação depende de seu próprio valor.

A ilusão segundo a qual os preços das mercadorias são, ao contrário, determinados pelo volume dos meios de circulação, e esse volume, pela abundância dos metais preciosos num país, se apoia originalmente na hipótese absurda de que as mercadorias e o dinheiro entram na circulação, elas sem preço e ele sem valor, e de que uma parte alíquota da acumulação das mercadorias é aí trocada em seguida pela mesma parte alíquota da montanha de metal.

c) *O numerário ou as espécies — o signo de valor.* O numerário tem sua origem na função que a moeda preenche como instrumento de circulação. Os pesos de ouro, por exemplo, expressos segundo o padrão oficial nos preços ou as designações monetárias das mercadorias, devem lhes fazer face no mercado como espécies de ouro de mesma denominação ou como numerário. Do mesmo modo que o estabelecimento do padrão dos preços, a moedagem é uma tarefa que cabe ao Estado. Os diversos uniformes nacionais dos quais o ouro e a prata se revestem enquanto numerário, mas dos quais se despojam no mercado mundial, marcam bem a separação entre as esferas interiores ou nacionais e a esfera geral da circulação das mercadorias.

O ouro em moeda e o ouro em barra somente se distinguem, antes de tudo o mais, pela figura, e o ouro pode sempre passar de uma de suas formas para outra.

Entretanto, saindo da moeda, o numerário se acha já na via do cadinho. As moedas de ouro ou de prata desgastam-se nos seus cursos, umas mais, enquanto outras, menos. A cada passo que 1 luís, por exemplo, dá na sua rota, ele perde algo de seu peso, mas conserva sua denominação. O título e a matéria, a substância metálica e a designação monetária começam, assim, a se separar. Espécies da mesma designação tornam-se de valor desigual, não sendo mais do mesmo peso. O peso do ouro indicado pelo padrão dos preços não se encontra mais no ouro que circula, o qual cessa, por isso mesmo, de ser o equivalente real das mercadorias das quais deve ele concretizar os preços. A história das moedas na Idade Média e nos tempos modernos, até o século XVIII, pouco chega a ser mais do que a história dessa desordem. A tendência natural da circulação em transformar as espécies de ouro numa aparência de ouro, ou o numerário em símbolo de seu peso metálico oficial, é reconhecida pelas mais recentes leis quanto ao grau de perda de metal que coloca as espécies fora de curso ou as desmonetiza.

O curso da moeda operando uma cisão entre o conteúdo real e o conteúdo nominal, entre a existência metálica e a existência funcional das espécies, já implica sob forma latente a possibilidade de os substituir, na sua função de numerário, por fichas de cobre, etc. As dificuldades técnicas da moedagem de partes de peso de ouro ou de prata inteiramente diminutivas, e essa circunstância dos metais inferiores servirem de medida de valor e circularem como moeda até o momento em que o metal precioso vêm destroná-los, explicam historicamente seu papel de moeda simbólica. Substituem o ouro em moeda nas esferas da circulação nas quais a circulação do numerário é a mais rápida, isto é, nas quais as vendas e as compras se renovam incessantemente na menor escala. Para impedir que esses satélites se estabeleçam no lugar do ouro, as proporções nas quais eles devem ser aceitos como pagamento são determinadas por leis. Os círculos particulares que percorrem os diversos tipos de moeda se entrecruzam naturalmente. A moeda de troca, por exemplo, aparece para pagar frações de espécies de ouro; o ouro entra constantemente na circulação de varejo, mas é deste constantemente expulso pela moeda de troca permutada por ele.

A substância metálica das moedas de prata ou de cobre é determinada arbitrariamente pela lei. Nas suas trajetórias, desgastam-se ainda mais rapidamente do que as peças de ouro. A função delas torna-se, portanto, na realidade, completamente independente de seu peso, isto é, de todo valor.

Entretanto, e este é o ponto importante, continuam a funcionar como substitutivos das espécies de ouro. A função numerária do ouro inteiramente destacada de seu valor metálico constitui, portanto, um fenômeno produzido pelos atritos de sua própria circulação. O ouro pode, então, ser substituído nessa função por coisas relativamente sem valor algum, tais como cédulas de papel. Se, nas moedas metálicas, o caráter puramente simbólico é dissimulado até um certo ponto, ele se manifesta inequivocamente no papel-moeda. Como se percebe, é apenas o primeiro passo que custa.

Trata-se, aqui, apenas de *papel-moeda de Estado com curso forçado*. Nasce espontaneamente da circulação metálica. *A moeda de crédito*, ao contrário, supõe um conjunto de condições que, do ponto de vista da circulação simples das mercadorias, nos são ainda desconhecidas. Observemos, de passagem, que, se o papel-moeda propriamente dito provém da função do dinheiro *como meio de circulação*, *a moeda de crédito* tem sua raiz natural na função do dinheiro como *meio de pagamento*.

O Estado lança na circulação cédulas de papel nas quais estão inscritas denominações de numerário, tais como 1 luís, 5 luíses, etc. Enquanto essas cédulas circulam realmente em lugar do peso de ouro da mesma denominação, o movimento delas tão só reflete as leis do curso da moeda real. Uma lei especial da circulação do papel só pode resultar de sua função de representante do ouro ou da prata, e essa lei é muito simples; ela consiste no fato de a emissão do papel-moeda dever ser proporcional à quantidade de ouro (ou de prata) da qual ele constitui o símbolo e que deveria realmente circular. A quantidade de ouro que a circulação pode absorver sofre uma oscilação bastante constante acima ou abaixo de um certo nível médio; contudo, jamais cai abaixo de um *mínimo* que a experiência faz conhecer em cada país. O fato de esse volume *mínimo* renovar incessantemente suas partes integrantes, isto é, que haja um vaivém das espécies particulares que nele ingressam e dele saem, não muda naturalmente nada nem no que se refere às suas proporções nem no que se refere à sua rotação contínua no circuito da circulação. Portanto, nada impede que essa quantidade de ouro seja substituída por símbolos de papel. Se, ao contrário, os canais da circulação são preenchidos de papel-moeda até o limite de sua faculdade de absorção para o metal precioso, neste caso, a menor oscilação no preço das mercadorias poderá fazê-las transbordar. A partir desse momento, toda medida é perdida.

Exceto por um descrédito geral, suponhamos que o papel-moeda ultrapasse sua proporção legítima. Tanto depois quanto antes, ele tão só representará na circulação das mercadorias o *quantum* de ouro exigido por elas segundo suas leis imanentes, e que, consequentemente, é exclusivamente representável. Se, por exemplo, o volume total do papel é o dobro daquilo que deveria ser, uma cédula de 100 francos que representava 50 gramas de ouro, dele não representará mais do que 25. O efeito é o mesmo que se o ouro, na sua função de padrão do preço, houvesse sido alterado.

O papel-moeda é signo do ouro ou signo da moeda. A relação que existe entre ele e as mercadorias consiste pura e simplesmente no seguinte: as mesmas quantidades de ouro que são expressas idealmente nos seus preços são representadas simbolicamente por ele. O papel-moeda, portanto, só é signo de valor enquanto representa quantidades de ouro que, como todas as outras quantidades de mercadorias, são também quantidades de valor.

Perguntar-se-á, talvez, por que o ouro pode ser substituído por coisas sem valor, por simples signos. Mas ele não é assim substituível senão na medida em que funciona exclusivamente como numerário ou instrumento de circulação. O caráter exclusivo dessa função não

66

se concretiza, é verdade, no caso das moedas de ouro ou de prata tomadas à parte, ainda que se manifeste no fato de as espécies desgastadas, entretanto, continuarem a circular. Cada peça de ouro não é simplesmente instrumento de circulação, senão na medida em que circula. Não é assim no que diz respeito ao volume de ouro *mínimo*, o qual pode ser substituído pelo papel-moeda. Esse volume pertence sempre à esfera da circulação, atua incessantemente como seu instrumento e existe exclusivamente como sustentáculo dessa função. Tudo que, então, sua rotação representa é a alternância contínua dos movimentos inversos da metamorfose M — D — M, nos quais a figura-valor das mercadorias só os confronta para logo depois desaparecer; nos quais a substituição de uma mercadoria por outra faz a moeda deslizar incessantemente de uma mão para outra. Sua existência funcional absorve, por assim dizer, sua existência material. Reflexo fugaz dos preços das mercadorias, não funciona mais senão como signo de si mesma e pode, consequentemente, ser substituída por signos. É necessário somente que o signo da moeda seja, como ela, socialmente válido, no que ele se torna pelo curso forçado. Essa ação coercitiva do Estado só pode ser exercida no âmbito nacional da circulação, mas aí somente também pode se isolar a função que a moeda exerce como numerário.

Parágrafo III — A moeda ou o dinheiro[29]

Até aqui, consideramos o metal precioso sob o duplo aspecto de medida dos valores e de instrumento de circulação. Ele exerce a primeira função como moeda ideal e pode ser representado, na segunda, por símbolos. Há, porém, funções nas quais ele deve se apresentar no seu corpo metálico como equivalente real das mercadorias

---

29. Loc. cit., cap. III, parágrafo 3.

ou como mercadoria-moeda. Há, ainda, uma outra função que ele pode exercer, ou ele mesmo ou por suplentes, mas na qual ele se erige sempre diante das mercadorias usuais como a única encarnação adequada do valor delas. Em todos esses casos, diremos que funciona como moeda ou dinheiro propriamente dito por oposição às suas funções de medida dos valores e de numerário.

a) *Entesouramento*

O movimento circular das duas metamorfoses inversas das mercadorias ou a alternância contínua de venda e de compra se manifestam pelo curso infatigável da moeda ou na sua função de *perpetuum mobile*, de motor perpétuo da circulação. Ele se imobiliza ou se transforma, como diz Boisguillebert, de *móvel em imóvel*, de numerário em *moeda* ou *dinheiro,* desde que a série das metamorfoses seja interrompida, desde que uma venda não seja seguida de uma compra subsequente.

A partir do momento em que se desenvolve a circulação das mercadorias, desenvolvem-se também a necessidade e o desejo de fixar e de conservar o produto da primeira metamorfose, a mercadoria transformada em crisálida de ouro ou de prata. A partir desse momento, vende-se mercadorias não somente para comprar outras, mas também para substituir a forma mercadoria pela forma dinheiro. A moeda detida intencionalmente em sua circulação se petrifica, por assim dizer, se tornando tesouro, e o vendedor se transforma em entesourador.

É sobretudo na infância da circulação que se troca tão só o supérfluo em valores de uso pela mercadoria moeda. O ouro e a prata tornam-se, dessa maneira, por si mesmos, a expressão social do supérfluo e da riqueza. Essa forma ingênua de entesouramento se eterniza junto aos povos, cujo modo tradicional de produção satisfaz diretamente um círculo estreito de necessidades estacionárias. Há pouca circulação e muitos tesouros. É o que acontece entre os asiáticos, notadamente entre os indianos.

A partir do momento em que a produção de mercadorias atingiu um certo desenvolvimento, cada produtor deve acumular grande quantidade de dinheiro. Trata-se, então, da "garantia social", o *nervus rerum*, o nervo das coisas. Com efeito, as necessidades do produtor se renovam incessantemente e lhe impõem incessantemente a compra de mercadorias alheias, ao passo que a produção e a venda das suas mercadorias exigem mais ou menos tempo e dependem de mil riscos. Para comprar sem vender, ele deve primeiramente haver vendido sem comprar. Parece contraditório que essa operação possa se produzir de uma maneira geral. Entretanto, os metais preciosos são trocados na sua fonte de produção por outras mercadorias. Aqui, a venda ocorreu (do lado do possuidor de mercadorias) sem compra (do lado do possuidor de ouro e de prata). E vendas posteriores que não são completadas por compras subsequentes apenas distribuem os metais preciosos entre todos os permutadores. São formadas, assim, em todos os pontos da relação comercial, reservas de ouro e de prata nas proporções mais diversas. A possibilidade de reter e de conservar a mercadoria como valor de troca ou o valor de troca como mercadoria desperta a paixão do ouro. À medida que a circulação das mercadorias se estende, cresce também o poder da moeda, forma absoluta e sempre disponível da riqueza social. "O ouro é uma coisa maravilhosa! Quem o possui é senhor de tudo que desejar. Por meio do ouro pode-se até abrir para as almas as portas do Paraíso." (Colombo,[30] *Lettre de la Jamaïque*, 1503).

O aspecto da moeda não traindo aquilo que foi transformado nela, tudo, mercadoria ou não, se transforma em moeda. Nada que não se torna venal, que não se faça vender e comprar! A circulação se torna a grande *réplica* social, onde tudo se precipita para dela emergir, transformado em cristal moeda. Nada resiste a essa alquimia, nem

---

30. Presume-se que o autor se refira a Cristóvão Colombo (1451-1506), navegante genovês que descobriu a América em 1492. (N.T.)

mesmo os ossos dos santos e menos ainda coisas sacrossantas mais delicadas, *res sacrosanctae, extra commercium hominum*. Do mesmo modo que toda diferença de qualidade entre as mercadorias se extingue no dinheiro, do mesmo modo ele, nivelador radical, apaga todas as distinções. Mas o dinheiro é ele próprio mercadoria, uma coisa que pode cair nas mãos de quem quer que seja. O poder social torna-se, assim, poder privado de particulares. Assim, a sociedade antiga o denuncia como o agente subversivo, como o dissolvente mais ativo de sua organização econômica e de seus costumes populares.[31]

A sociedade moderna saúda no ouro o seu santo Graal, a encarnação deslumbrante do próprio princípio de sua vida.

A mercadoria, como valor de uso, satisfaz uma necessidade particular e forma um elemento particular da riqueza material. Mas o *valor* da mercadoria mede o grau de sua força de atração sobre todos os elementos dessa riqueza e, consequentemente, a *riqueza social* daquele que a possui. O permutador mais ou menos bárbaro, mesmo o camponês da Europa Ocidental, não sabe separar o valor de sua forma. Para ele, o crescimento de sua reserva de ouro e de prata significa crescimento de valor. Seguramente o valor do metal precioso muda em razão das variações ocorridas, seja no seu próprio valor, seja naquele das mercadorias. Mas isso não impede, por um lado, que 200 gramas de ouro contenham tanto depois quanto antes mais valor do que 100, 300 mais do que 200, etc., nem, por outro lado, que a forma metálica da moeda permaneça a forma equivalente geral de todas as mercadorias, a encarnação social de todo o trabalho humano. O pendor para entesourar não tem, por sua natureza, nem regra nem medida. Considerado do ponto de vista da qualidade ou

---

31. "Nada suscitou, como o dinheiro, entre os seres humanos, leis tão más e costumes tão maus; é ele que instala a querela nas cidades e expulsa os habitantes de suas moradias; é ele que desvia as mais belas almas para tudo que há de desonroso e funesto para o ser humano e o ensina a extrair de cada coisa o mal e a impiedade." (Sófocles,* *Antígona*). [*Sófocles de Colona (495-405 a.C.), poeta trágico grego. (N.T.)]

da forma, como representante universal da riqueza material, o dinheiro é sem limite porque é imediatamente transformável em todo tipo de mercadoria. Mas cada soma de dinheiro real tem seu limite quantitativo e, portanto, apenas um poder de compra restrito. Essa contradição entre a quantidade sempre definida e a qualidade de poder infinito do dinheiro conduz incessantemente o entesourador ao trabalho de Sísifo.[32] Não depende dele, como do conquistador, o fato de cada conquista nova apenas conduzir a uma nova fronteira.

Para reter e conservar o metal precioso na qualidade de moeda e, em razão disso, o elemento do entesouramento, é necessário que se o impeça de circular ou de se converter de *meio de compra* em meios de prazer. O entesourador sacrifica, portanto, a esse fetiche todos os pendores de sua carne. Ninguém mais do que ele leva a sério o evangelho da renúncia. Por outro lado, ele só pode subtrair em moeda da circulação o que lhe é oferecido em mercadorias. Quanto mais produz, mais é capaz de vender. Indústria, economia, avareza: tais são suas virtudes cardeais; vender muito, comprar pouco, tal é a soma de sua economia política.

O tesouro não possui apenas uma forma bruta: possui também uma forma estética. É a acumulação de obras de ourivesaria que se desenvolve com o aumento da riqueza social. "Sejamos ricos ou pareçamos ricos" (Diderot).[33] Forma-se, assim, de uma parte, um mercado sempre mais amplo para os metais preciosos, de outra, uma fonte latente de aprovisionamento da qual haurimos nos períodos de crise social.

Na economia da circulação do metal, os tesouros desempenham funções diversas. A primeira tem sua origem nas condições que

---

32. Figura da mitologia grega que, tendo cometido uma certa falta, recebeu como punição executar uma tarefa perpetuamente inútil e frustrante, que consistia em empurrar uma enorme pedra até o topo de uma colina; prestes a consumar essa tarefa, a pedra inevitável e repetidamente escapava de seu controle e rolava novamente para baixo. (N.T.)

33. Denis Diderot (1713-1784), escritor francês. (N.T.)

presidem o curso da moeda. Vimos como o volume corrente de numerário eleva-se ou diminui com as flutuações constantes experimentadas pela circulação das mercadorias sob a relação da amplitude, dos preços e da velocidade. É necessário, portanto, que esse volume seja capaz de contração e expansão.

Ora uma parte da moeda deve sair da circulação, ora deve aí reingressar. Para que o volume de dinheiro corrente corresponda sempre ao grau em que a esfera da circulação se acha saturada, a quantidade de ouro ou de prata que realmente circula deve formar apenas uma parte do metal precioso existente no país. É pela forma tesouro do dinheiro que essa condição se encontra cumprida. Os reservatórios dos tesouros servem, ao mesmo tempo, de canais de descarga e de irrigação, de maneira que os canais de circulação jamais transbordem.

b) *Meio de pagamento*

Na forma imediata da circulação das mercadorias examinada até aqui, o mesmo valor se apresenta sempre duplo: mercadoria num polo, moeda no outro. Os produtores-permutadores entram em relação como representantes de equivalentes que se encontram já cara a cara uns com os outros. À medida, todavia, que a circulação se desenvolve, desenvolvem-se também circunstâncias que tendem a separar por um intervalo de tempo a alienação da mercadoria e a concretização de seu preço. Os mais simples exemplos nos bastam aqui. Certa espécie de mercadoria exige mais tempo para sua produção, enquanto uma outra exige menos tempo. Os períodos de produção não são idênticos no que diz respeito a mercadorias diferentes. Se uma mercadoria nasce no mesmo lugar de seu mercado, outra deve viajar e desembocar num mercado distante. É possível, portanto, que um dos permutadores esteja pronto para vender, ao passo que o outro não esteja ainda em condição de comprar. Quando as mesmas transações se renovam constantemente entre as mesmas pessoas, as condições de venda e de compra das mercadorias serão reguladas pouco a pouco, de acordo com as condições de sua produção. Por outro lado, o uso de certas espécies de mercadoria, por exemplo, de uma casa, é alienado durante um certo período, e é apenas após o vencimento do prazo que o comprador realmente obteve o valor de uso estipulado. Portanto, ele compra antes de pagar. Um dos permutadores vende uma mercadoria no presente, enquanto o outro compra como que representando um dinheiro futuro. O vendedor se torna credor, o comprador, devedor. Como a metamorfose da mercadoria assume aqui um novo aspecto, também o dinheiro adquire uma nova função. Torna-se meio de pagamento.

Os caracteres de credor e de devedor provêm aqui da circulação simples. A mudança de sua forma imprime ao vendedor e ao comprador a nova marca distintiva deles. Antes de tudo o mais, esses novos papéis são tão passageiros quanto os antigos e desempenhados alternativamente pelos mesmos atores, mas não têm mais um aspecto tão indulgente, e sua oposição torna-se mais suscetível de se tornar sólida. Os mesmos caracteres podem também se apresentar independentemente da circulação das mercadorias. No mundo antigo, o movimento da luta de classes tem, sobretudo, a forma de um combate sempre renovado entre credores e devedores, e finda em Roma com a derrota e a ruína do devedor plebeu que é substituído pelo escravo. Na Idade Média, a luta se encerra com a ruína do devedor feudal. O credor perde o poder político a partir do momento que desmorona a base econômica que lhe servia de sustentáculo. Entretanto, tudo que nessas duas épocas essa relação monetária de credor e devedor faz é refletir, à superfície, antagonismos mais profundos.

Voltemos à circulação das mercadorias. O aparecimento simultâneo dos equivalentes mercadoria e dinheiro nos dois polos da venda cessou. Agora o dinheiro funciona, em primeiro lugar, como medida de valor na fixação do preço da mercadoria vendida. Esse preço estabelecido por contrato mede a obrigação do comprador, quer dizer, a soma de dinheiro da qual ele é devedor a prazo fixo.

Depois, o dinheiro funciona como meio de compra ideal. Ainda que exista somente na promessa do comprador, opera, contudo, o deslocamento da mercadoria. É somente no vencimento que ele entra, como meio de pagamento na circulação, isto é, que passa das mãos do comprador para as do vendedor. O meio de circulação foi transformado em tesouro porque o movimento da circulação foi detido na sua primeira metade. O meio de pagamento entra em circulação, mas somente depois que a mercadoria saiu dela. O vendedor transformou a mercadoria em dinheiro para satisfazer às suas necessidades, o entesourador, para conservá-lo sob forma de equivalente geral, por fim, o comprador-devedor, para poder pagar. Se não paga, ocorre uma venda forçada de seus bens. A conversão da mercadoria em sua figura-valor, em moeda, torna-se, dessa forma, uma necessidade social que se impõe ao produtor-permutador independentemente de suas necessidades e de suas fantasias pessoais.

Suponhamos que o agricultor compre do tecelão 20 metros de tecido ao preço de 2 luíses, que é também o preço de um quarto de trigo, e que os pague um mês depois. O agricultor transforma seu trigo em tecido antes de transformá-lo em moeda. Executa, portanto, a última metamorfose de sua mercadoria antes da primeira. Em seguida, vende trigo por 2 luíses, que faz passar para o tecelão no prazo convencionado.

A moeda real não lhe serve mais aqui de intermediário para substituir o tecido pelo trigo. Isso já foi feito. Para ele, a moeda é, ao contrário, a última palavra da transação, na qualidade de forma absoluta do valor que ele deve conceder, a mercadoria universal. Quanto ao tecelão, sua mercadoria circulou e concretizou seu preço, mas somente por meio de um título que é da alçada do direito civil. Entrou no consumo de outra pessoa antes de ser transformada em moeda. A primeira metamorfose de seu tecido se mantém, portanto, suspensa e só se produz mais tarde, no prazo de vencimento da dívida do agricultor.

As obrigações vencidas num período determinado representam o preço total das mercadorias vendidas. A quantidade de moeda exigida para a realização dessa soma depende, primeiramente, da velocidade do curso dos meios de pagamento. É regulada por duas circunstâncias: primeira — o encadeamento das relações entre credor e devedor, como quando A, por exemplo, que recebe dinheiro de seu devedor B, o faz passar ao seu credor C, e assim ininterruptamente; segunda — o intervalo de tempo que separa os diversos prazos nos quais os pagamentos são efetuados. A série dos pagamentos consecutivos ou das primeiras metamorfoses suplementares distingue-se completamente do entrecruzamento das séries de metamorfoses que primeiramente analisamos.

Não somente a conexão entre vendedores e compradores é expressa no movimento dos meios de circulação, mas também essa conexão nasce no próprio curso da moeda. O movimento do meio de pagamento, ao contrário, expressa um conjunto de relações sociais preexistentes.

A simultaneidade e a contiguidade das vendas (ou compras), que fazem com que a quantidade dos meios de circulação não possa mais ser compensada pela velocidade de seu curso, formam uma nova alavanca na economia dos meios de pagamento. Com a concentração dos pagamentos num mesmo lugar, são desenvolvidos espontaneamente instituições e métodos para contrabalançá-los uns pelos outros. Tais eram, por exemplo, em Lyon, na Idade Média, os viramentos.[34] Os créditos de A com B, de B com C, de C com A, e assim por diante, precisam ser confrontados para se anular reciprocamente, numa certa medida, como quantidades positivas e negativas. Não resta mais, assim, senão um balanço da conta a ser saldado. Quanto maior a concentração dos pagamentos, mais é

---

34. No original, *virements*: transferências de dinheiro de uma conta para outra. (N.T.)

relativamente pequeno o balanço deles e, por isso mesmo, o volume dos meios de pagamento em circulação.

A função da moeda como meio de pagamento implica uma contradição sem meio-termo. Enquanto os pagamentos se contrabalançam, ela atua somente de uma maneira ideal, como moeda de cômputo e medida dos valores. Desde que os pagamentos devam ser efetuados realmente, a moeda não se apresenta mais como simples meio de circulação, como forma transitiva que serve de intermediário para o deslocamento dos produtos, mas intervém como encarnação individual do trabalho social, única concretização do valor de troca, mercadoria absoluta. Essa contradição se manifesta por ocasião das crises industriais ou comerciais, ao que se deu o nome de crise monetária.

É produzida apenas onde o encadeamento dos pagamentos e um sistema artificial destinado a compensá-los reciprocamente foram desenvolvidos. Se esse mecanismo, em virtude de uma causa qualquer, se desordenar e a moeda, em consequência de uma brusca alteração total e sem transição, não atuar mais sob sua forma puramente ideal de moeda de cômputo, ela é reclamada como dinheiro pago de imediato, na totalidade e em espécie, e não pode mais ser substituída por bens seculares. A utilidade da mercadoria não conta para nada, e seu valor desaparece diante daquilo que não é dela senão a forma. Ainda na véspera, o burguês com a suficiência presunçosa que lhe confere a prosperidade, declarava que o dinheiro é uma vã ilusão. Exclusivamente a mercadoria é dinheiro, bradava ele. Exclusivamente o dinheiro é mercadoria! — tal é agora o brado que repercute no mercado do mundo. Como o cervo sedento berra atrás da fonte de água viva, assim sua alma convoca aos grandes brados o dinheiro, a riqueza exclusiva e única. A oposição que existe entre a mercadoria e sua forma-valor é, durante a crise, levada ao completo exagero. O gênero particular da moeda, no tocante a isso, nada ocasiona. A penúria monetária permanece a mesma, quer seja necessário pagar em ouro ou em carta de crédito, por exemplo, em cédulas bancárias.

Se examinarmos agora a soma total da moeda circulante num período de tempo determinado, descobriremos que, sendo dada a velocidade do curso dos meios de circulação e dos meios de pagamento, essa soma é igual à soma dos preços das mercadorias a serem produzidas mais a soma dos pagamentos com vencimento de débito e menos a soma dos pagamentos que se contrabalançam, e menos, enfim, o emprego duplo ou mais frequente das mesmas peças para a dupla função de meio de circulação e de meio de pagamento. Por exemplo, o agricultor vendeu seu trigo por meio de 2 luíses que operam como meio de circulação. No prazo do vencimento, ele os transfere ao tecelão. Agora funcionam como meio de pagamento. O tecelão compra com eles uma roupa, e nessa compra eles atuam novamente como meio de circulação, e assim sucessivamente.

Dados a velocidade do curso da moeda, a economia dos pagamentos e os preços das mercadorias, vê-se que o volume das mercadorias em circulação não corresponde mais ao volume de moeda corrente num certo período, por exemplo, um dia. Ele segue rapidamente o curso da moeda que representa mercadorias há muito tempo subtraídas da circulação. Segue rapidamente mercadorias cujo equivalente em moeda só se apresentará mais tarde. Por outro lado, as dívidas contraídas e as dívidas não pagas no vencimento a cada dia constituem grandezas totalmente incomensuráveis.

A moeda de crédito tem sua fonte imediata na função do dinheiro como meio de pagamento. Certificados que constatam as dívidas contraídas com referência às mercadorias vendidas circulam, eles mesmos, por sua vez, para transferir a outras pessoas os créditos. À medida que o sistema de crédito se amplia, desenvolve-se cada vez mais a função que a moeda cumpre como meio de pagamento. Enquanto tal, a moeda se reveste de formas de existência particulares nas quais frequenta a esfera das grandes transações comerciais, ao passo que as espécies de ouro e de prata recuam principalmente para a esfera do comércio de varejo.

Quanto mais a produção de mercadorias se desenvolve e se amplia, menos a função da moeda como meio de pagamento se restringe à esfera da circulação dos produtos. A moeda se torna a mercadoria geral dos contratos. As rendas, os impostos, etc., até então pagos fisicamente (mediante objetos reais), são pagos doravante por meio de dinheiro. Um fato que demonstra, entre outros, quanto essa mudança não prescinde das condições gerais da produção é o Império Romano ter fracassado duas vezes na sua tentativa de cobrar todos os impostos em dinheiro. A enorme miséria da população rural na França sob Luís XIV,[35] denunciada com tanta eloquência por Boisguillebert,[36] o marechal Vauban,[37] etc., não se originou somente da elevação do imposto, mas também da substituição da sua forma monetária para sua forma natural.[38] Na Ásia, a renda imobiliária constitui o elemento principal dos impostos e se paga mediante objetos reais. Essa forma da renda, que lá se baseia em relações de produção estacionárias, entretém por reação o antigo modo de produção. É um dos segredos da preservação do Império Turco. O livre-comércio, outorgado pela Europa ao Japão, encaminha, nesse país, a conversão da renda-natureza para a renda-dinheiro, e decreta o fim de sua agricultura modelo,

---

35. Viveu de 1638 a 1715 e reinou na França conduzindo o país ao auge do sistema monárquico, centralizando o poder em si mesmo, *l'État c'est moi* (O Estado sou eu), o absolutismo. Governou a França com pulso de ferro, fortaleceu e consolidou o poder político do país na Europa e, durante seu reinado, houve grande desenvolvimento das artes. Denominado *Louis XIV, le Grand* (Luís XIV, o Grande) e *Le Roi Soleil* (O Rei Sol). (N.T.)

36. Pierre le Pesant — Sieur de Boisguillebert, ou Boisguilbert (1646-1714), economista francês. (N.T.)

37. Sébastien Le Preste de Vauban (1633-1707), engenheiro militar francês. (N.T.)

38. "O dinheiro se tornou o carrasco de todas as coisas." "As finanças são o alambique que fez evaporar uma quantidade espantosa de bens e mercadorias de consumo para se fazer esta concisa observação fatal — O dinheiro declara a guerra contra todo o gênero humano." (Boisguillebert, *"Dissertation sur la nature des richesses, de l'argent et des tributs"*, Daire; *Économistes financiers*, Paris, 1843, p. 413, 417, 419.)

submetida a condições econômicas demasiado estreitas para resistir a uma tal revolução.

São estabelecidos em cada país certos termos gerais segundo os quais os pagamentos são feitos numa grande escala. Se alguns desses termos são puramente convencionais, apoiam-se em geral nos movimentos periódicos e circulatórios da reprodução ligados às alterações periódicas das estações, etc. Esses termos gerais regulam igualmente a época dos pagamentos que não são resultantes diretamente da circulação das mercadorias, tais como aqueles da renda, do aluguel, dos impostos, etc. A quantidade de moeda exigida, em certos dias do ano, por esses pagamentos disseminados em toda a periferia de um país causa perturbações periódicas, porém inteiramente superficiais.

Resulta da lei referente à velocidade do curso dos meios de pagamento que, para todos os pagamentos periódicos, não importa qual seja a fonte deles, o volume dos meios de pagamento necessário é na razão inversa da duração dos períodos.

A função que o dinheiro desempenha como meio de pagamento depende da acumulação das somas exigidas pelas datas de vencimento. Eliminando completamente o entesouramento como forma de enriquecimento, o progresso da sociedade burguesa a desenvolve sob a forma de reserva dos meios de pagamento.

c) *A moeda universal*

Ao sair da esfera interior da circulação, o dinheiro se despe das formas locais das quais tinha se revestido, a saber, de numerário, de moeda de troca, de padrão dos preços, de signo de valor, para retornar a sua forma primitiva de barra ou lingote. É no comércio entre nações que o valor das mercadorias é concretizado no âmbito universal. É também aí que a figura-valor delas as confronta, sob o aspecto de moeda universal — moeda do mundo (*money of the world*), como a chama James Steuart,[39] moeda da grande república

---

39. *Sir* James Denham Steuart (1712-1780), economista inglês. (N.T.)

comercial, como dizia, depois dele, Adam Smith. É no mercado mundial e somente nele que a moeda funciona, com todo o vigor da palavra, como a mercadoria cuja forma natural é, ao mesmo tempo, a encarnação social do trabalho humano em geral. Sua maneira de ser se torna aí adequada à sua ideia.

No âmbito nacional da circulação, só existe uma mercadoria que pode servir de medida de valor e, por causa disso, de moeda. No mercado mundial reina uma dupla medida de valor, o ouro e o dinheiro.

A moeda universal cumpre as três funções de meio de pagamento, de meio de compra e de matéria social da riqueza em geral (*universal wealth*). Quando se trata de liquidar os balanços internacionais, predomina a primeira função. Daí provém a palavra de ordem do sistema mercantil — balança comercial. O ouro e o dinheiro servem essencialmente de meio de compra internacional todas as vezes que o equilíbrio ordinário da troca das matérias entre diversas nações se desordena. Enfim, atuam como forma absoluta da riqueza quando não se trata mais nem de compra nem de pagamento, mas de uma transferência de riqueza de um país para outro, quando essa transferência, sob forma de mercadoria, é impedida, seja devido às eventualidades do mercado, seja devido ao próprio objetivo que se quer atingir.

Cada país necessita de um fundo de reserva para o seu comércio exterior, bem como para sua circulação interior. As funções dessas reservas vinculam-se, assim, em parte à função da moeda como meio de circulação e de pagamento no interior e, em parte, à sua função de moeda universal. Nesta última função, a moeda material, ou seja, o ouro e a prata, é exigida; é por isso que James Steuart, para distinguir o ouro e a prata dos seus substitutivos puramente locais, os designa expressamente sob o nome de *money of the world*.

O rio dotado de vagas de prata e de ouro possui uma corrente dupla. De um lado, ele se expande a partir de sua fonte sobre todo o mercado mundial, no qual os diferentes circuitos nacionais desviam-no em proporções diversas para que penetre os canais de circulação interior, substitua suas moedas desgastadas, forneça a matéria dos artigos de luxo e, enfim, se petrifique sob forma de tesouro. Essa primeira direção a ele é transmitida pelos países cujas mercadorias são trocadas diretamente por ouro e prata nas fontes de sua produção. Ao mesmo tempo, os metais preciosos correm de um lado para outro, de maneira interminável e sem se deter, entre as esferas de circulação dos diferentes países, e esse movimento acompanha as oscilações incessantes do curso de mudança.

Os países nos quais a produção alcançou um grau elevado de desenvolvimento restringem, ao mínimo exigido pelas funções específicas deles, os tesouros acumulados nos reservatórios bancários. À parte certas exceções, o transbordamento desses reservatórios muito acima do nível médio deles é um sinal de estagnação na circulação das mercadorias, ou de uma interrupção no curso de suas metamorfoses.

SEGUNDA PARTE

A TRANSFORMAÇÃO DO DINHEIRO EM CAPITAL

CAPÍTULO IV
A FÓRMULA GERAL DO CAPITAL[40]

A circulação das mercadorias é o ponto de partida do capital. O capital somente se mostra onde a produção de mercadorias e o comércio já alcançaram um determinado grau de desenvolvimento. A história moderna do capital data da criação do comércio e do mercado dos dois mundos no século XVI.

Quando se estuda o capital historicamente nas suas origens, o vemos em toda parte colocar-se diante da propriedade dos bens de raiz sob forma de dinheiro, seja como fortuna monetária, seja como capital comercial e capital usurário. Nestes tempos, tal como outrora, cada capital novo entra em cena, isto é, no mercado, a saber, mercado dos produtos, mercado do trabalho, mercado da moeda sob forma de dinheiro, dinheiro que, por procedimentos especiais, deve se transformar em capital.

O dinheiro como dinheiro e o dinheiro como capital só se distinguem primeiramente por suas formas diferentes de circulação.

A forma imediata da circulação das mercadorias é M — D — M, transformação da mercadoria em dinheiro e retransformação do dinheiro em mercadoria, *vender para comprar*. Mas, ao lado dessa forma, encontramos uma outra completamente distinta, a forma...

$$D \underline{\qquad\qquad} M \underline{\qquad\qquad} D$$

dinheiro   *mercadoria*   *dinheiro...*

---

40. Loc. cit., cap. IV, ed. francesa; cap. IV, parágrafo 1, 4ª ed. alemã.

84

... transformação do dinheiro em mercadoria e retransformação da mercadoria em dinheiro, *comprar para vender*. Todo dinheiro que, no seu movimento, descreve esse último ciclo transforma-se em capital, torna-se capital e já é, por destinação, capital.

Consideremos de mais perto a circulação D — M — D. Como circulação simples, ela percorre duas fases opostas. Na primeira fase D — M (compra), o dinheiro é transformado em mercadoria. Na segunda, M — D (venda), a mercadoria é transformada em dinheiro. O conjunto dessas duas fases é expresso pelo movimento que troca moeda por mercadoria e, novamente, a mesma mercadoria pela moeda, compra para venda, ou, então, se omitirmos as diferenças formais de compra e de venda, compra-se com dinheiro a mercadoria e, com a mercadoria, o dinheiro.

Esse movimento conduz à troca de dinheiro por dinheiro, D — D. Se compro 2 mil libras de algodão por 100 luíses e, em seguida, vendo essas 2 mil libras de algodão por 110 luíses, em última instância, troquei 100 luíses por 110 luíses, moeda por moeda.

É evidente que a circulação D — M — D seria um procedimento bizarro se quiséssemos, por meio de um semelhante desvio, trocar somas de dinheiro equivalentes, por exemplo, 100 luíses por 100 luíses. Mais valeria ainda o método do entesourador, que guarda rigorosamente seus 100 luíses em lugar de expô-los aos riscos da circulação. Mas, por outro lado, que o comerciante revenda por 110 luíses o algodão que comprou com 100 luíses, ou que seja obrigado a entregá-lo por 100 e até por 50 luíses, em todos esses casos, seu dinheiro descreve sempre um movimento particular e original, totalmente diferente daquele que percorre, por exemplo, o dinheiro do agricultor que vende trigo e compra uma roupa.

O que distingue, a princípio, os movimentos M — D — M e D — M — D é a ordem inversa das mesmas fases opostas. A circulação simples começa pela venda e termina pela compra; a circulação do dinheiro como capital começa pela compra e termina pela venda.

No primeiro caso, é a mercadoria que forma o ponto de partida e o ponto de retorno; no segundo caso, é o dinheiro. Na primeira forma, é o dinheiro que serve de intermediário; na segunda, é a mercadoria.

Na circulação M — D — M, o dinheiro é finalmente convertido em mercadoria que serve de valor de uso; ele é, portanto, definitivamente, despendido. Na forma inversa, D — M — D, o comprador dá seu dinheiro para retomá-lo como vendedor. Mediante a compra da mercadoria, ele lança dinheiro na circulação, o qual retira em seguida pela venda da mesma mercadoria. Se ele o deixa partir, é somente com o pensamento pérfido de o recuperar. Portanto, esse dinheiro é, simplesmente, adiantado.

O refluxo do dinheiro ao seu ponto de partida não depende do fato de a mercadoria ser vendida mais caro do que foi comprada. Essa circunstância só influi na grandeza da soma que retorna. O fenômeno do próprio refluxo ocorre desde que a mercadoria seja novamente vendida, isto é, desde que o ciclo D — M — D seja completamente traçado. Existe aí uma diferença palpável entre a circulação do dinheiro como capital e sua circulação como simples moeda.

O ciclo M — D — M é completamente percorrido desde que a venda de uma mercadoria traga consigo o dinheiro obtido mediante a compra de uma outra mercadoria. Se, todavia, um refluxo de dinheiro ocorre em seguida, só pode ser porque o percurso completo do ciclo foi novamente traçado. Se vendo um saco de trigo por 3 luíses e compro roupas com esse dinheiro, os 3 luíses são, para mim, definitivamente gastos. Não me dizem mais respeito; o comerciante de roupas os tem em seu bolso. Ainda que eu venda um segundo saco de trigo, o dinheiro que recebo não provém da primeira transação, mas, sim, de sua renovação. Afasta-se de mim, ainda, se levo a termo a segunda transação e compro novamente. Na circulação M — D — M, o gasto do dinheiro não tem, portanto, nada em comum com seu retorno. É totalmente o contrário na circulação D — M — D. Naquele caso, se o dinheiro não retorna, a operação não teve êxito; o movimento é interrompido ou inacabado porque a sua segunda fase, isto é, a venda que completa a compra, falta.

O ciclo M — D — M apresenta como ponto inicial uma mercadoria e como ponto final uma outra mercadoria que não circula mais e cai no consumo. A satisfação de uma necessidade, um valor de uso, tal é, portanto, sua meta definitiva. O ciclo D — M — D, ao contrário, tem como ponto de partida o dinheiro e a ele retorna; seu motivo, sua meta determinante, é, portanto, o valor de troca.

Na circulação simples, os dois termos extremos têm a mesma forma econômica; ambos são mercadorias. São também mercadorias de valor idêntico. Mas são, ao mesmo tempo, valores de uso de qualidades diferentes, por exemplo, o trigo e a roupa. O movimento acaba na troca dos produtos, na permuta das matérias diversas nas quais se manifesta o trabalho social. A circulação D — M — D, ao contrário, parece, à primeira vista, destituída de sentido, porque é tautológica. Os dois extremos possuem a mesma forma econômica. São todos os dois dinheiro. Não se distinguem qualitativamente como valores de uso, pois o dinheiro é o aspecto transformado das mercadorias no qual os valores de uso particulares delas são extintos. Trocar 100 luíses por algodão, e novamente o mesmo algodão por 100 luíses, isto é, trocar, mediante um desvio, dinheiro por dinheiro, *idem* por *idem*, uma tal operação parece tão tola quanto inútil. Uma soma de dinheiro, enquanto representa valor, só pode se distinguir de uma outra soma por sua quantidade. O movimento D — M — D não extrai sua razão de ser de nenhuma diferença qualitativa de seus extremos, pois ambos são dinheiro, mas, sim, somente de sua diferença quantitativa. Finalmente, é subtraído da circulação mais dinheiro do que o que foi aí lançado. O algodão comprado por 100 luíses é revendido por 100 + 10 ou 110 luíses. A forma completa desse movimento é, portanto, D — M — D', na qual D' = D + a, isto é, igual à soma primitivamente adiantada mais um excedente. Esse excedente ou esse aumento, eu o chamo de *mais-valia* (em inglês, *surplus value*).

Não só, portanto, o valor adiantado se conserva na circulação como ele aí ainda muda sua grandeza, aí acrescenta algo mais, faz-se valer mais, e é esse movimento que o transforma em capital.

É possível que os extremos M, M, da circulação M — D — M, trigo — dinheiro — roupa, por exemplo, sejam também de valor desigual. O agricultor pode vender seu trigo acima de seu valor ou comprar a roupa abaixo do seu. Por sua vez, ele pode ser enganado pelo comerciante de roupas. Mas a desigualdade dos valores trocados não passa de um acidente para essa forma de circulação. Seu caráter normal é a equivalência desses dois extremos, a qual, pelo contrário, deslocaria todo sentido ao movimento D — M — D.

A renovação ou a repetição da venda de mercadorias para a compra de outras mercadorias topa, fora da circulação, com um limite no consumo, a satisfação de necessidades determinadas. Na compra para a venda, ao contrário, o começo e o fim são uma única e mesma coisa, ou seja, dinheiro, valor de troca, e essa própria identidade desses dois termos extremos torna o movimento interminável. É verdade que D se tornou D + α, que temos 100 + 10 luíses em lugar de 100; porém, do ponto de vista da qualidade, 110 luíses são a mesma coisa que 100 luíses, isto é, dinheiro, e, do ponto de vista da quantidade, a primeira soma não passa de um valor limitado tanto quanto a segunda. Se os 100 luíses são gastos como dinheiro, mudam logo de papel e deixam de atuar como capital. Se são subtraídos da circulação, petrificam-se sob forma de tesouro e não aumentarão um centavo, mesmo que venham a dormir nessa condição até o Juízo Final. A partir do momento em que o aumento do valor, apesar disso, forma, portanto, a meta final do movimento, 110 luíses experimentam a mesma necessidade de crescer que 100 luíses.

O valor inicialmente adiantado, é verdade, distingue-se bem, por um instante, da mais-valia que se soma a ele na circulação; mas essa distinção logo desaparece. O que, finalmente, sai da circulação não é senão, de um lado, o primeiro valor de 100 luíses, e, do outro, a mais-valia de 10 luíses; trata-se de um valor de 110 luíses, o qual se acha na mesma forma e nas mesmas condições dos primeiros 100 luíses, pronto para recomeçar o mesmo jogo. O último termo de cada círculo D — M — D, comprar para vender, é o primeiro termo de uma nova circulação do mesmo gênero. A circulação simples, ou seja, vender para comprar, só serve de meio para atingir um objetivo situado fora dela mesma, isto é, a apropriação de valores de uso, de coisas apropriadas para satisfazer necessidades determinadas. A circulação do dinheiro como capital possui, ao contrário, seu objetivo nela mesma, uma vez que é somente mediante esse movimento sempre renovado que o valor continua se constituindo valor. Consequentemente, o movimento do capital não tem limites.

É como representante, como suporte consciente desse movimento, que o possuidor de dinheiro se torna capitalista. Sua pessoa ou, antes, seu bolso é o ponto de partida do dinheiro e seu ponto de retorno. O conteúdo objetivo da circulação D — M — D', isto é, a mais-valia que dá à luz ao valor, tal é sua meta subjetiva, íntima. É apenas na medida em que a apropriação, sempre crescente da riqueza abstrata, constitui o único motivo determinante de suas operações, que ele atua como capitalista ou, se o quisermos, como capital personificado, dotado de consciência e de vontade. O valor de uso não deve, portanto, jamais ser considerado como a meta imediata do capitalista e, tampouco, o ganho isolado, mas sim o movimento incessante do ganho sempre renovado. Essa tendência absoluta ao enriquecimento, essa caça passional ao valor de troca, lhe são comuns com o entesourador. Mas, enquanto este não passa de um capitalista maníaco, o capitalista é um entesourador racional. A vida eterna do valor da qual o entesourador acredita se assegurar poupando o dinheiro dos perigos da circulação, o capitalista a conquista com maior habilidade ao lançar sempre novamente o dinheiro na circulação.

O valor se torna, então, valor progressivo, dinheiro sempre germinando, fazendo progredir e, como tal, capital. Sai da circulação, a ela retorna, nela se mantém e nela se multiplica, dela sai novamente maior e recomeça incessantemente a mesma rotação. D — D', dinheiro que gera dinheiro,[41] moeda que produz filhotes — *money which begets money*: tal é, assim, a definição do capital nos lábios de seus primeiros intérpretes, os mercantilistas.

Comprar para vender, ou melhor, comprar para vender mais caro, D — M — D', eis aí uma forma que parece própria apenas a uma única espécie de capital, ao capital comercial. Mas o capital industrial é também do dinheiro que se transforma em mercadoria e, pela venda desta, se retransforma em mais dinheiro. O que se passa entre a compra e a venda, fora da esfera da circulação, nada muda nessa forma de movimento. Enfim, mediante a relação com o capital usurário, a forma D — M — D' é reduzida aos seus dois extremos sem o termo médio; resume-se, numa concisão expressiva e contundente, em D — D', dinheiro que vale mais dinheiro, valor que é maior do que ele mesmo.

D — M — D' é, portanto, realmente a fórmula geral do capital tal como ele se mostra na circulação.

---

41. No original, *"argent qui pond de l'argent"*: o autor faz uma analogia com um animal ovíparo, como, por exemplo, uma galinha que *põe* ovos. (N.T.)

CAPÍTULO V
CONTRADIÇÕES DA FÓRMULA
GERAL DO CAPITAL[42]

A forma de circulação pela qual o dinheiro se metamorfoseia em capital contradiz todas as leis desenvolvidas até aqui a respeito da natureza da mercadoria, do valor, do dinheiro e da própria circulação. O que distingue a circulação do capital da circulação simples é a ordem de sucessão inversa das duas mesmas fases opostas, venda e compra. Como essa diferença puramente formal poderia operar na própria natureza desses fenômenos uma mudança tão mágica?

Como poderia ela permitir um crescimento dos valores que aí ingressam, isto é, a formação da mais-valia?

Tomemos o fenômeno da circulação numa forma na qual ele se apresenta como simples troca de mercadorias. Isso acontece todas as vezes que dois produtores-permutadores compram um do outro e que seus créditos recíprocos se anulam no dia do vencimento. O dinheiro aí entra apenas idealmente como moeda de cômputo para exprimir os valores das mercadorias por meio de seus preços. Visto que se trata do valor de uso, está claro que nossos permutadores, ambos, podem ganhar. Ambos alienam produtos que não são para eles de nenhuma utilidade, enquanto adquirem outros dos quais têm necessidade. Ademais, A, que vende vinho e compra trigo, talvez produza mais vinho do que poderia produzir B em idêntico período de tempo de trabalho, e B, no mesmo período de trabalho,

---

42. Loc. cit., cap. V, ed. francesa; cap. IV, parágrafo 2, 4ª ed. alemã.

mais trigo do que poderia produzir A. O primeiro obtém, assim, para o mesmo valor de troca, mais trigo, e o segundo, mais vinho do que se cada um dos dois, sem a troca, fosse obrigado a produzir para si mesmo os dois objetos de consumo. No que diz respeito ao valor de uso, há, portanto, fundamento em dizermos que "a troca é uma transação na qual se ganha dos dois lados". No que se refere a isso, não é mais o mesmo para o valor de troca. "Um homem que tem muito vinho e pouco trigo faz comércio com um outro homem que tem muito trigo e nenhum vinho: entre eles ocorre uma troca de um valor de 50 em trigo por 50 em vinho. Essa troca não significa aumento de riqueza nem para um nem para o outro, pois cada um deles, antes da troca, tinha um valor igual àquele que se obteve por esse meio." O fato de o dinheiro, como instrumento de circulação, servir de intermediário entre as mercadorias e o fato de os atos da venda e da compra serem assim dissociados não mudam a questão. O valor é expresso nos preços das mercadorias antes de estas ingressarem na circulação, em vez de resultar delas.

Se fizermos abstração das circunstâncias acidentais que não se originam das leis inerentes à circulação, tudo que se passa aí, fora da substituição de um produto útil por um outro, é apenas uma metamorfose ou uma simples mudança de forma da mercadoria. O mesmo valor, isto é, o mesmo *quantum* de trabalho social realizado, se mantém sempre nas mãos do mesmo permutador, ainda que ele o tenha alternadamente sob a forma de seu próprio produto, do dinheiro e do produto de outra pessoa. Essa mudança de forma não produz nenhuma mudança da quantidade de valor. A única mudança experimentada pelo valor da mercadoria se limita a uma mudança de sua forma dinheiro. Apresenta-se primeiramente como preço da mercadoria oferecida para venda, depois como a mesma soma de dinheiro expressa nesse preço e, enfim, como preço de uma mercadoria equivalente. Essa mudança de forma não afeta mais a quantidade de valor do que faria a mudança de uma cédula de 100 francos por 4 luíses,

3 peças de 100 soldos e 5 francos. Ora, como a circulação em relação ao valor das mercadorias só implica uma mudança de forma, só pode dela resultar uma mudança de equivalentes. Essa é a razão de mesmo a economia ordinária, todas as vezes que deseja estudar o fenômeno na sua integridade, supor sempre que a oferta e a demanda se equilibram, isto é, que o efeito delas exercido sobre o valor é nulo. Se, portanto, em relação ao valor de uso, os dois permutadores podem ganhar, não é possível que todos os dois ganhem em relação ao valor de troca. Aplica-se, aqui, pelo contrário, a máxima: "Onde há igualdade, não há lucro". Mercadorias podem realmente ser vendidas a preços que se afastam dos valores delas, porém esse afastamento surge como uma infração da lei de troca. Na sua forma comum, a troca de mercadorias é uma troca de equivalentes e, consequentemente, não pode ser um meio de beneficiamento.

Enquanto mercadorias, ou mercadorias e dinheiro de valor igual, isto é, equivalentes, são trocados, é evidente que ninguém tira da circulação mais valor do que o que nela coloca. Nesse caso, não pode ocorrer nenhuma formação de mais-valia. Mas, ainda que a circulação na sua forma pura só admita troca entre equivalentes, sabe-se bem que, na realidade, as coisas estão longe de acontecer puramente. Suponhamos, portanto, que haja troca entre não-equivalentes.

Em todos os casos, há no mercado somente permutador diante de permutador, e o poder que esses personagens exercem uns sobre os outros é apenas o poder das mercadorias deles. A diferença material que existe entre essas últimas é o motivo material da troca, e instala os permutadores numa relação de dependência recíproca uns com os outros, no sentido de que nenhum deles tem entre as mãos o objeto do qual necessita e cada um deles possui o objeto das necessidades dos outros. Exceto por essa diferença entre suas utilidades, só existe mais uma outra entre as mercadorias, ou seja, a diferença entre a forma natural delas e a forma-valor delas, o dinheiro. Do mesmo modo, os permutadores só se distinguem entre si deste único ponto de vista: uns são vendedores, possuidores de mercadorias, ao passo que os outros são compradores, possuidores de dinheiro.

Admitamos, agora, que, em função não se sabe de qual privilégio misterioso, é permitido ao vendedor vender sua mercadoria acima de seu valor, 110, por exemplo, quando ela só vale 100, isto é, com um encarecimento de 10%. O vendedor, portanto, tem em caixa uma mais-valia de 10. Mas, após ter sido vendedor, ele se torna comprador. Um terceiro permutador se apresenta a ele como vendedor e goza, por sua vez, do privilégio de vender a mercadoria 10% mais cara. Nosso homem ganhou, portanto, 10 de um lado para perder 10 do outro. O resultado final, na realidade, é todos os permutadores venderem entre si suas mercadorias 10% acima de seu valor, o que é o mesmo que se as vendessem pelo seu valor real. Uma semelhante elevação geral dos preços produz o mesmo efeito que se os valores das mercadorias, em lugar de serem estimados em ouro, o fossem, por exemplo, em dinheiro. Suas designações monetárias, isto é, seus preços nominais, se elevariam, porém suas relações de valor permaneceriam as mesmas.

Suponhamos, ao contrário, ser o privilégio do comprador pagar as mercadorias abaixo de seu valor. Não é sequer necessário aqui lembrar que comprador se torna novamente vendedor. Ele era vendedor antes de se tornar comprador. Já perdeu 10% na sua venda: que ganhe 10% na sua compra e tudo se conserva no mesmo estado.

A formação de uma mais-valia e, consequentemente, a transformação do dinheiro em capital não podem, portanto, se originar nem do fato de os vendedores venderem as mercadorias acima do que valem nem do fato de os compradores as comprarem abaixo do que valem.

Os defensores consequentes dessa ilusão, a saber, de que a mais--valia provém de uma elevação nominal dos preços ou do privilégio que o vendedor teria de vender muito caro sua mercadoria, são, portanto, forçados a admitir uma classe que compra sempre e jamais vende ou que consome sem produzir. O dinheiro com o qual uma tal classe compra constantemente deve constantemente retornar do cofre dos produtores para o seu, gratuitamente, sem troca, segundo a conveniência ou em virtude de um direito adquirido. Vender a essa classe as mercadorias acima de seu valor significa recuperar em parte o dinheiro ao qual havíamos nos resignado a perder.

Somos forçados, portanto, a permanecer nos limites da troca das mercadorias, em que os vendedores são compradores, e os compradores, vendedores. Nosso embaraço provém, talvez, do fato de, não levando de modo algum em conta os caracteres individuais dos agentes de circulação, fizemos deles categorias personificadas. Suponhamos que o permutador A seja um trapaceiro astucioso que ludibria seus colegas B e C, e que estes, a despeito da melhor vontade do mundo, não conseguem sua desforra. A vende a B vinho cujo valor é de 40 luíses e obtém em troca trigo por um valor de 50 luíses. Portanto, produziu com o dinheiro mais dinheiro e transformou sua mercadoria em capital. Examinemos a coisa de mais perto. Antes da troca, tínhamos para os 40 luíses de vinho nas mãos de A e para os 50 luíses de trigo nas mãos de B um valor total de 90 luíses. Após a troca, temos ainda o mesmo valor total. O valor circulante não aumentou um átomo; a única mudança que ocorreu foi sua distribuição entre A e B. A mesma mudança teria ocorrido se A houvesse direta e francamente roubado 10 luíses de B. É evidente que nenhuma mudança na distribuição dos valores circulantes pode aumentar sua soma, não mais do que um judeu aumenta num país o volume dos metais preciosos vendendo por 1 guinéu um *liard*[43] da rainha Ana. A classe inteira dos capitalistas de um país não pode se beneficiar atuando sobre si mesma.

Apesar de nossas voltas e reviravoltas, seja lá como as queiramos fazer, as coisas permanecem no mesmo ponto. Trocamos os equivalentes? Com isso não se produz nenhuma mais-valia; não a produzimos tampouco se fizermos a permuta dos não-equivalentes. A circulação ou a troca das mercadorias não cria nenhum valor.

---

43. Antiga moeda de cobre de pouco valor. (N.T.)

Assim, a soma dos valores lançados na circulação não consegue aí aumentar: consequentemente, fora dela deve ocorrer algo que possibilite a formação de uma mais-valia. Esta, porém, pode nascer fora da circulação, que, afinal de contas, é a soma total das relações recíprocas dos produtores-permutadores. O produtor pode realmente, mediante seu trabalho, criar valores, mas não valores que crescem por mérito próprio. Ele pode elevar o valor de uma mercadoria adicionando, por meio de um novo trabalho, um valor novo a um valor presente, confeccionando, por exemplo, botas com o couro. A mesma matéria vale agora mais por ter absorvido mais trabalho. As botas, portanto, têm mais valor do que o couro; mas o valor do couro permanece o que era, não tendo adicionado uma mais-valia durante a confecção das botas. Parece, portanto, totalmente impossível que fora da circulação, sem entrar em contato com outros permutadores, o produtor-permutador possa fazer valer o valor ou transmitir-lhe a propriedade de engendrar uma mais-valia. Mas, sem isso, não há transformação de seu dinheiro ou de sua mercadoria em capital.

Chegamos, assim, a um duplo resultado.

A transformação do dinheiro em capital deve ser explicada tomando por base as leis imanentes da circulação das mercadorias, de tal modo que a troca de equivalentes sirva de ponto de partida. Nosso possuidor do dinheiro, que não é ainda capitalista senão no estado de crisálida, deve primeiramente comprar mercadorias no seu valor justo, em seguida, vendê-las pelo que valem, e, contudo, no fim, retirar mais valor do que aquilo que delas adiantara. A metamorfose do homem dos escudos em capitalista deve ocorrer na esfera da circulação e, ao mesmo tempo, deve não ocorrer nela. Tais são as condições do problema. *Hic Rhodus, hic salta!*

CAPÍTULO VI
COMPRA E VENDA DA FORÇA DE TRABALHO

O aumento de valor pelo qual o dinheiro deve se transformar em capital não pode ter por origem esse próprio dinheiro. Se serve de meio de compra ou de meio de pagamento, tudo que faz é concretizar o preço das mercadorias que compra ou que paga.

Se permanece tal como é, se conserva sua própria forma, não é mais, por assim dizer, que um valor petrificado.

É necessário, portanto, que a mudança de valor expressa D — M — D', conversão do dinheiro em mercadoria e reconversão da mesma mercadoria em mais dinheiro, tenha por origem a mercadoria. Isso, porém, não pode ser efetuado no segundo ato, M — D', a revenda, em que a mercadoria passa pura e simplesmente da sua forma natural para sua forma dinheiro. Se considerarmos, agora, o primeiro ato, D — M, a compra, descobrimos que há troca entre equivalentes e que, por conseguinte, a mercadoria não tem mais valor permutável do que o dinheiro nela convertido. Resta uma última suposição, a saber, que a mudança proceda do valor de uso da mercadoria, isto é, de seu uso ou de seu consumo. Ora, trata-se de uma mudança no valor permutável, de seu aumento. Para se poder extrair um valor permutável do valor usual de uma mercadoria, seria preciso que o homem dos escudos tivesse a feliz chance de descobrir, no meio da circulação, no próprio mercado, uma mercadoria cujo valor usual tivesse a virtude particular de ser fonte de valor permutável, de sorte que a consumir seria realizar trabalho e, consequentemente, criar valor.

E esse homem efetivamente encontra no mercado uma mercadoria dotada dessa virtude específica, a qual se chama poder de trabalho ou força de trabalho.

Com esse nome é necessário compreender o conjunto das faculdades físicas e intelectuais que há no corpo de um ser humano, em sua personalidade viva, e que ele deve pôr em movimento para a produção de coisas úteis.

Para que o possuidor de dinheiro encontre no mercado a força de trabalho na qualidade de mercadoria, é preciso, entretanto, que diversas condições sejam previamente atendidas. A troca das mercadorias, por si mesma, não produz outras relações de dependência, a não ser aquelas que decorrem de sua natureza. No seu contexto, a força de trabalho não pode se apresentar no mercado como mercadoria, como se ela fosse oferecida ou vendida por seu próprio possuidor. Este deve, consequentemente, dela dispor, isto é, ser livre proprietário de seu poder de trabalho, de sua própria pessoa. O possuidor de dinheiro e ele encontram-se no mercado e entram em relação um com o outro como permutadores na mesma qualidade. Só diferem no seguinte: um compra e o outro vende, e, por isso mesmo, ambos são pessoas juridicamente semelhantes.

Para que essa relação tenha continuidade, é necessário que o proprietário da força de trabalho não a venda, exceto por um tempo determinado, pois, se ele a vender em bloco de uma vez, venderá a si mesmo e, de livre que era, se fará escravo, de comerciante, passará a ser mercadoria. Se deseja manter sua personalidade, deve colocar sua força de trabalho apenas temporariamente à disposição do comprador, de tal modo que, ao aliená-la, não renuncia, em função disso, à propriedade que tem dela.

A segunda condição essencial para que o homem dos escudos venha a comprar a força de trabalho é o possuidor desta, em lugar de poder vender mercadorias nas quais seu trabalho foi concretizado, ser forçado a oferecer e pôr à venda, na qualidade de uma mercadoria, a sua própria força de trabalho, aquela que reside somente em seu organismo.

Qualquer um que queira vender mercadorias distintas de sua própria força de trabalho deve, naturalmente, possuir meios de produção, tais como matérias-primas, ferramentas, etc. É para ele impossível, por exemplo, confeccionar botas sem couro, e, ademais, ele necessita de meios de subsistência. Ninguém, nem mesmo o músico do futuro, pode viver dos produtos da posteridade nem subsistir mediante valores de uso cuja produção ainda não foi consumada; nestes tempos, como no primeiro dia de seu aparecimento no palco do mundo, o homem é obrigado a consumir antes de produzir e durante o período em que produz. Se os produtos são mercadorias, é necessário que sejam vendidos para poderem ser satisfeitas as necessidades do produtor. Ao tempo necessário para a produção se acrescenta o tempo necessário para a venda.

A transformação do dinheiro em capital exige, dessa forma, que o possuidor do dinheiro encontre no mercado o *trabalhador livre*, e *livre* dentro de um duplo ponto de vista. Primeiramente, o trabalhador deve ser uma pessoa livre que dispõe voluntariamente de sua força de trabalho como de sua mercadoria para si; em segundo lugar, ele deve não possuir outra mercadoria para vender; estar, por assim dizer, livre de tudo, completamente desprovido das coisas necessárias à concretização de seu poder de trabalho.

Por outro lado, a troca dos produtos já deve possuir a forma da circulação das mercadorias para que a moeda possa entrar em cena. Suas funções diversas como simples equivalente, meio de circulação, meio de pagamento, tesouro, fundo de reserva, etc., indicam, por sua vez, pela predominância comparativa de uma sobre a outra, fases muito diversas da produção social. Entretanto, a experiência nos ensina que uma circulação de mercadorias relativamente pouco desenvolvida basta para fazer com que todas essas formas se manifestem. Não é assim no que se refere ao capital. As condições históricas de sua existência não coincidem com a circulação das mercadorias e da moeda. O capital somente se produz ali onde o detentor dos meios de produção e de subsistência topa, no mercado, com o trabalhador livre que vem ali vender sua força de trabalho, e essa única condição histórica contém todo um mundo novo. O capital se anuncia desde o início como uma época da produção social.[44]

É preciso agora examinarmos de mais perto a força do trabalho. Essa mercadoria, do mesmo modo que qualquer outra, tem um valor. Como o determinarmos? Pelo tempo de trabalho necessário à sua produção.

Como valor, a força de trabalho representa o *quantum* de trabalho social concretizado nela. Mas ela, com efeito, somente existe como poder ou faculdade do indivíduo vivo. Dado o indivíduo, este produz sua força vital ao se reproduzir ou se conservando a si mesmo. Para sua manutenção ou para sua conservação, necessita de uma certa soma de meios de subsistência. O tempo de trabalho necessário à produção da força de trabalho consiste, portanto, no tempo de trabalho necessário à produção desses meios de subsistência; ou então a força de trabalho tem justamente o valor dos meios de subsistência necessários àquele que a expõe.

A força de trabalho se concretiza pela sua manifestação exterior. A força de trabalho afirma-se e constata-se pelo trabalho, o qual, por sua vez, requer certo dispêndio dos músculos, dos nervos e do cérebro do ser humano, dispêndio que deve ser compensado. Quanto maior o desgaste, maiores são as despesas para reparação.[45]

---

44. O que caracteriza a época capitalista é, portanto, o fato de a força de trabalho adquirir para o próprio trabalhador a forma de uma mercadoria que lhe pertence, e seu trabalho, consequentemente, a forma de trabalho assalariado. Por outro lado, é somente a partir desse momento que a forma mercadoria dos produtos torna-se a forma social dominante.

45. Na antiga Roma, o *villicus*, administrador que dirigia os escravos no campo, recebia uma ração menor do que a deles, porque seu trabalho era menos penoso. Ver Th. Mommsen; *Hist. rom., 1856*, p. 810.

Se o proprietário da força de trabalho trabalhou hoje, ele deve poder recomeçar amanhã nas mesmas condições de vigor e de saúde. É necessário, portanto, que a soma dos meios de subsistência seja suficiente para mantê-lo no seu estado de vida normal.

As necessidades naturais, tais como nutrição, vestuário, aquecimento, habitação, etc., diferem conforme o clima e outras particularidades físicas de um país. Por outro lado, o próprio número das supostas necessidades naturais, tanto quanto o modo de satisfazê--las, é um produto histórico e depende, assim, em grande parte, do grau de civilização alcançado. As origens da classe assalariada em cada país, o ambiente histórico no qual ela se formou, continuam por muito tempo a exercer a maior influência sobre os costumes, as exigências e, como consequência indireta, as necessidades que ela incorpora à vida. A força de trabalho encerra, portanto, do prisma do valor, um elemento moral e histórico, o que a distingue das outras mercadorias. Mas, para um dado país e uma dada época, a medida necessária dos meios de subsistência também é dada.

Os proprietários das forças de trabalho são mortais. Para que sejam encontrados sempre no mercado, assim como o reclama a transformação contínua do dinheiro em capital, é necessário que se eternizem "como cada indivíduo vivo se eterniza pela geração". As forças de trabalho que o desgaste e a morte vêm remover do mercado devem ser constantemente substituídas num número ao menos igual. A soma dos meios de subsistência necessários à produção da força de trabalho compreende, portanto, os meios de subsistência dos substituidores, isto é, dos filhos dos trabalhadores, para que essa singular raça de permutadores se perpetue no mercado.

Por outro lado, para modificar a natureza humana de maneira a fazê-la adquirir aptidão, precisão e celeridade num gênero de trabalho determinado, isto é, para nela produzir uma força de trabalho desenvolvida num sentido especial, é necessária uma certa educação que custa ela mesma uma soma mais ou menos grande de equivalentes em mercadorias. Essa soma varia conforme o caráter mais ou menos complexo da força de trabalho. As despesas com educação, a propósito ínfimas no que diz respeito à força de trabalho simples, entram no total das mercadorias necessárias para sua produção.

Como a força de trabalho equivale a uma soma determinada de meios de subsistência, seu valor, portanto, muda com o valor deles, quer dizer, proporcionalmente ao tempo de trabalho necessário à produção deles.

Uma parte dos meios de subsistência, os que constituem, por exemplo, a nutrição, o aquecimento, etc., são destruídos diariamente pelo consumo e devem ser substituídos todos os dias. Outros, tais como roupas, móveis, etc., sofrem um desgaste mais lento e não têm necessidade de serem substituídos senão a intervalos mais longos. Certas mercadorias devem ser compradas ou pagas cotidianamente, outras, semanalmente, semestralmente, etc. Mas não importa de que modo essas despesas possam ser distribuídas no decorrer de um ano, sua soma deve sempre ser coberta pela média da receita diária. Coloquemos o volume das mercadorias exigido diariamente para a produção da força de trabalho = A; aquele exigido semanalmente = B; aquele exigido trimestralmente = C; e assim sucessivamente, e a média dessas mercadorias, por dia, será igual a: $\dfrac{365\,A + 52\,B + 4\,C}{365}$, etc.

O valor desse volume de mercadorias necessário para o dia médio representa apenas a soma de trabalho despendida na produção delas, digamos, seis horas. Necessita-se, então, uma meia jornada de trabalho para produzir diariamente a força de trabalho. Esse *quantum* de trabalho exigido por ela para sua produção cotidiana determina seu valor cotidiano. Suponhamos, ainda, que a soma de ouro que se produz, em média, durante uma meia jornada de seis horas, iguala 5 francos ou 1 escudo. Nesse caso, o preço de 1 escudo exprime o valor diário da força de trabalho. Se seu proprietário a vende cada dia por 1 escudo, ele a vende, portanto, por seu valor justo e, de acordo com nossa hipótese, o possuidor de dinheiro ocupado em metamorfosear seus escudos em capital se decide a agir e paga esse valor.

O preço da força de trabalho atinge seu *minimum* quando é reduzido ao valor dos meios de subsistência fisiologicamente indispensáveis, isto é, ao valor de uma soma de mercadorias que não poderia ser menor sem arriscar a vida do trabalhador. Quando esse preço cai a esse mínimo, significa que desceu abaixo do valor da força de trabalho, que então se limita a vegetar. Ora, o valor de toda mercadoria é determinado pelo tempo de trabalho necessário para que ela possa ser fornecida numa quantidade normal.

Não se pode conceber, como o diz Rossi,[46] "o poder de trabalho fazendo abstração dos meios de subsistência durante a obra da produção". Mas quem diz poder de trabalho não diz ainda trabalho, tampouco que o poder de digerir significa digestão. Para chegar a isso, é necessário algo mais do que um bom estômago. Se o trabalhador não encontra a quem vender sua força de trabalho, longe de se regozijar com isso, ele o sentirá, ao contrário, como uma cruel carência física, que seu poder de trabalho, que já exigiu para sua produção um certo *quantum* de meios de subsistência, exige constantemente novos para sua reprodução. Descobrirá, então, com Sismondi,[47] que esse poder, se não é vendido, não é nada.

O contrato entre vendedor e comprador de força de trabalho apresenta a seguinte particularidade, nomeadamente, em todos os países onde impera o modo de produção capitalista: a força de trabalho somente é paga quando se atuou até o fim do mês, da quinzena ou da semana. O trabalhador, portanto, efetua em toda parte para o

---

46. A alusão do autor parece ser a Giovanni Rossi (1856-1943), socialista italiano. (N.T.)
47. Jean-Charles Léonard Simonde de Sismondi (1773-1842), economista suíço. (N.T.)

capitalista o adiantamento do valor usual de sua força; ele permite que seja consumida pelo comprador antes de obter o preço dela; em síntese, em todo lugar ele produz crédito para o comprador de força de trabalho. E o que prova que esse crédito não é uma vã quimera não é somente a perda do salário quando o capitalista vai à falência, mas também muitas outras consequências menos acidentais.

O valor de uso da força de trabalho só se mostra no seu próprio emprego, no seu consumo. Tudo que é necessário à execução dessa obra, a saber, matérias-primas, instrumentos, etc., é comprado no mercado dos produtos pelo homem dos escudos e pago por seu justo preço. O consumo da força de trabalho é, ao mesmo tempo, produção de mercadorias e de mais-valia. Esse consumo é realizado como o consumo de toda outra mercadoria, fora do mercado ou da esfera de circulação. Vamos, portanto, simultaneamente com o possuidor de dinheiro e o possuidor de força de trabalho, abandonar essa esfera ruidosa, na qual tudo se passa na superfície e sob os olhares de todos, para os acompanhar, ambos, no laboratório secreto da produção, no limiar do qual está escrito: *No admittance except on business.* Nesse lugar, vamos ver não somente como o capital produz, mas também como ele próprio é produzido. A fabricação da mais-valia, esse grande segredo da sociedade moderna, vai enfim se desvelar.

A esfera da circulação das mercadorias, onde são executadas a venda e a compra da força de trabalho, é, na realidade, um verdadeiro Éden dos direitos naturais do homem e do cidadão. O que aí reina, com exclusividade, é Liberdade, Igualdade, Propriedade e Bentham.[48] *Liberdade!...* pois nem o comprador nem o vendedor de uma mercadoria agem sob coação; pelo contrário, só são determinados pelo seu livre-arbítrio. Celebram juntos um contrato na qualidade de pessoas livres e detentoras dos mesmos direitos.

---

48. Alusão a Jeremy Bentham (1748-1832), filósofo britânico. (N.T.)

O contrato é o livre produto no qual suas vontades se outorgam uma expressão jurídica comum. *Igualdade!...* pois somente entram em relação um com o outro a título de possuidores de mercadorias, e permutam equivalente por equivalente. *Propriedade!...* pois cada um apenas dispõe daquilo que lhe pertence. *Bentham!...* pois, para cada um deles somente se trata de si mesmo. A única força que os coloca um na presença do outro e que relaciona um com o outro é a força do egoísmo deles, de seu lucro particular, de seus interesses privados. Cada um só pensa em si, ninguém se preocupa com o outro, e é precisamente por isso que, em função de uma harmonia preestabelecida das coisas ou sob os auspícios de uma providência inteiramente engenhosa, laboram cada um para si, cada um no seu domicílio, trabalham, nessas condições, para a utilidade geral, a favor do interesse comum.

CAPÍTULO VII
PRODUÇÃO DE VALORES DE USO E PRODUÇÃO DA MAIS-VALIA

Parágrafo I — Produção de valores de uso[49]

O uso ou o emprego da força de trabalho é o trabalho. O comprador dessa força a consome fazendo o vendedor trabalhar. Para que este produza mercadorias, seu trabalho deve ser útil, isto é, ser concretizado em valores de uso. É, portanto, um valor de uso particular, um artigo especial que o capitalista faz ser produzido por seu operário. E este somente pode produzir se o capitalista lhe fornecer a matéria-prima e os instrumentos de produção.

No processo de trabalho, a atividade humana efetua, com a ajuda dos meios de trabalho, uma deliberada modificação da matéria-prima.

O processo se extingue no produto, isto é, num valor de uso, uma matéria natural adaptada às necessidades humanas mediante uma mudança de forma. O trabalho, ao combinar-se com seu objeto, é materializado, e a matéria é trabalhada. O que era movimento no tempo do trabalhador, aparece agora no produto como uma propriedade em repouso. O operário teceu e o produto é um tecido.

Se considerarmos o conjunto desse movimento do ponto de vista de seu resultado, do produto, então, todos os dois, meio e

---

49. Loc. cit., cap. VII, parágrafo 1, ed. francesa; cap. V, parágrafo I, 4ª ed. alemã.

objeto de trabalho, se apresentam como meios de produção, e o próprio trabalho, como trabalho produtivo.

Se um valor de uso é o produto de um processo de trabalho, ele aí entra na qualidade de meios de produção de outros valores de uso, os produtos eles próprios de um trabalho anterior. O mesmo valor de uso, produto de um trabalho, torna-se o meio de produção de um outro. Os produtos, portanto, não são apenas resultados, como também condições do processo de trabalho.

O objeto de trabalho é fornecido exclusivamente pela natureza na indústria extrativa — exploração das minas, caça, pesca, etc. — e mesmo na agricultura, enquanto esta se limita a roçar terras ainda virgens. Todos os outros ramos da indústria manipulam matérias-primas, isto é, objetos já filtrados pelo trabalho, como, por exemplo, as sementes em agricultura. Os animais e as plantas, que de costume são considerados produtos naturais são, nas suas formas atuais, os produtos não somente do trabalho do último ano, mas também de uma transformação contínua durante séculos sob a vigilância e por intermédio do trabalho humano. Quanto aos instrumentos propriamente ditos, a maioria entre eles exibe ao olhar mais superficial os traços de um trabalho passado.

A matéria-prima pode formar a substância principal de um produto ou nele ingressar apenas sob a forma de matéria auxiliar. Esta é, então, consumida pelo meio de trabalho, como a hulha o é pela máquina a vapor, o óleo pela roda, o feno pelo burro de carga; ou então a matéria auxiliar é associada à matéria-prima para, nesta, operar uma modificação, como o cloro no tecido de linho cru, o carvão no ferro, a cor na lã; ou então ainda auxilia o próprio trabalho a ser executado, como, por exemplo, no que toca às matérias desgastadas na iluminação e aquecimento da oficina. A diferença entre matérias principais e matérias auxiliares se confunde na produção química propriamente dita, na qual nenhuma das matérias empregadas se recupera como substância do produto.

Como toda coisa possui propriedades diversas e se presta, por isso mesmo, a mais de uma aplicação, o mesmo produto é suscetível de formar a matéria-prima de diferentes operações. Os grãos, assim, servem de matéria-prima para o moleiro, o fabricante de amido, o destilador, o criador de gado, etc.; os grãos se tornam, como semente, matéria-prima da própria produção deles. Do mesmo modo, o carvão sai como produto da indústria de mineração e nela entra como meio de produção.

Na mesma operação, o mesmo produto pode servir de meio de trabalho e de matéria-prima; na engorda do gado, por exemplo, o animal, a matéria trabalhada, atua também como meio para a preparação do estrume.

Um produto que já existe sob uma forma que o torna próprio para o consumo pode, entretanto, tornar-se, por sua vez, matéria-prima de um outro produto; a uva é a matéria-prima do vinho. Há também trabalhos cujos produtos são impróprios para quaisquer outros usos, exceto o de matéria-prima. Nesse estado, o produto tão só recebeu, como se diz, uma meia confecção e seria melhor dizer que não passa de um produto de série ou graduado, como, por exemplo, a fibra do algodão, os fios, o *calicot*, etc. A matéria-prima originária, ainda que ela própria seja um produto, pode ter que percorrer toda uma escala de remanejamentos nos quais, sob uma forma sempre modificada, funciona sempre como matéria-prima até a última operação que a elimina como objeto de consumo ou meio de trabalho.

Percebe-se o seguinte: o caráter de produto, de matéria-prima ou de meio de trabalho só se prende a um valor de uso segundo a posição determinada que ele ocupa no processo de trabalho, conforme o lugar que ocupa nesse processo, e seu deslocamento muda sua determinação.

Todo valor de uso que ingressa em operações novas como meio de produção perde, portanto, seu caráter de produto e não funciona mais senão como fator do trabalho vivo. O fiandeiro lida com seus fusos e com o linho simplesmente como meio e objeto de seu trabalho. Está certo de que não se pode fiar sem instrumentos e sem matéria; assim, a existência desses produtos já está subentendida ao início da fiação. Mas nesse último ato é tão inteiramente indiferente o linho e os fusos serem produtos de um trabalho anterior quanto é indiferente no ato da nutrição que o pão seja o produto dos labores anteriores do cultivador, do moleiro, do padeiro e assim por diante. Muito pelo contrário, é tão só devido às faltas deles que, uma vez começada a execução da obra, os meios de produção fazem valer seu caráter de produtos. Facas que não cortam, fios que se rompem a todo momento, despertam a lembrança desagradável de seus fabricantes. O bom produto não faz experimentar o trabalho do qual tira suas qualidades úteis.

Uma máquina que não serve para o trabalho é inútil. Ademais, sofre a deterioração sob a ação destrutiva dos agentes naturais. O ferro enferruja, a madeira apodrece, a lã não trabalhada é roída pelos vermes. O trabalho vivo deve retomar esses objetos, ressuscitá-los dos mortos e os converter de utilidades possíveis em utilidades práticas e eficientes. Lambidos pela chama do trabalho, transformados em seus órgãos, convocados pelo seu sopro a desempenhar suas funções próprias, eles são também consumidos, mas para uma meta determinada, como elementos formadores de novos produtos.

Ora, se os produtos são não só o resultado, mas também a condição de existência do processo de trabalho, é somente os lançando nesse processo, os colocando em contato com o trabalho vivo, que esses resultados do trabalho passado podem ser conservados e utilizados.

O trabalho desgasta seus elementos materiais, seu objeto e seus meios, o que é, consequentemente, um ato de consumo. Esse consumo produtivo distingue-se do consumo individual pelo fato de este consumir os produtos como meios de gozo do indivíduo, enquanto o consumo produtivo os consome como meios de funcionamento do trabalho. O produto do consumo individual é, por conseguinte, o próprio consumidor; o resultado do consumo produtivo é um produto distinto do consumidor.

Como seus meios e seu objeto já são produtos, o trabalho consome produtos para criar produtos, ou então emprega os produtos como meios de produção de produtos novos. Mas o processo de trabalho que primitivamente ocorre entre o homem e a terra — que ele encontra fora de si — não cessa nunca, tampouco, de empregar meios de produção de origem natural, não representando nenhuma combinação entre os elementos naturais e o trabalho humano.

Retornemos ao nosso capitalista que ainda não amadureceu. Nós o perdemos de vista no momento em que ele acabara de comprar no mercado todos os fatores necessários à execução do trabalho, fatores objetivos — meios de produção — e o fator subjetivo: força de trabalho. Ele os escolheu como conhecedor e homem prudente, tais como os necessita para seu gênero de operação particular, fiação, sapataria, etc. Põe-se, então, a consumir a mercadoria que comprou, a força de trabalho, o que equivale a dizer que ele produziu o consumo dos meios de produção mediante o trabalho. A natureza geral do trabalho não é, evidentemente, de modo algum modificada, porque o operário executa seu trabalho não para si mesmo, mas para o capitalista.

O processo de trabalho, como consumo da força de trabalho pelo capitalista, exibe apenas dois fenômenos particulares.

O operário trabalha sob o controle do capitalista, a quem seu trabalho pertence. O capitalista vigia cuidadosamente para que a tarefa seja feita apropriadamente, e os meios de produção, empregados segundo a meta visada, de modo que a matéria-prima não seja esbanjada e que o instrumento de trabalho experimente tão só o dano inseparável de seu emprego.

Em segundo lugar, o produto é propriedade do capitalista e não do produtor imediato, do trabalhador. O capitalista paga, por exemplo, o valor diário da força de trabalho da qual, por conseguinte, o uso lhe pertence durante a jornada, tal como aquele de um cavalo que ele alugou por jornada. O uso da mercadoria pertence ao comprador e, ao conceder seu trabalho, o possuidor da força de trabalho concede apenas, na realidade, o valor de uso que vendeu. Desde sua entrada na fábrica, a utilidade de sua força, o trabalho, pertencia ao capitalista. Ao comprar a força de trabalho, o capitalista incorporou o trabalho como fermento de vida aos elementos passivos do produto, dos quais ele também tinha a garantia. Do seu ponto de vista, o processo de trabalho não passa do consumo da força de trabalho, da mercadoria que comprou, mas que ele não saberia consumir sem acrescentar a ela meios de produção. O processo de trabalho é uma operação entre coisas compradas por ele, que lhe pertencem. O produto dessa operação lhe pertence, portanto, com os mesmos direitos do produto da fermentação na sua adega.

Parágrafo II — Produção da mais-valia[50]

O produto — propriedade do capitalista — é um valor de uso, tal como fios para tecedura, tecido, botas, etc. Mas ainda que as botas, por exemplo, façam de algum modo o mundo caminhar, e nosso capitalista ser um homem do progresso, se ele fabrica botas, não é por amor às botas. Em geral, na produção de mercadorias, o valor de uso não é algo que se ame por si mesmo. Só serve aí de porta-valor. Ora, para nosso capitalista, trata-se, em primeiro lugar, de produzir um objeto útil que possua um valor permutável, um artigo destinado à venda, uma mercadoria. E, ademais, ele deseja que o valor

---

50. Loc. cit., cap. VII, parágrafo 2, ed. francesa; cap. V, parágrafo 2, 4ª ed. alemã.

dessa mercadoria ultrapasse o valor das mercadorias necessárias à sua produção, isto é, a soma de valores dos meios de produção e da força de trabalho para os quais gastou seu querido dinheiro. Quer produzir não somente uma coisa útil, mas também um valor, e não somente um valor, mas também uma mais-valia.

Do mesmo modo que a mercadoria é simultaneamente valor de uso e valor de troca, sua produção deve ser simultaneamente formação de valores de uso e formação de valores.

Sabe-se que o valor de uma mercadoria é determinado pelo *quantum* de trabalho nela materializado, pelo tempo socialmente necessário à sua produção. É necessário para nós, portanto, calcular o trabalho contido no produto que nosso capitalista levou a ser fabricado, digamos, por exemplo, 10 libras de fios.

Para produzir os fios, ele necessitou de uma matéria-prima, suponhamos 10 libras de algodão. Inútil investigar agora qual o valor desse algodão, pois o capitalista o comprou no mercado pelo que valia, por exemplo 10 francos. Nesse preço, o trabalho exigido para a produção do algodão já é representado como trabalho social médio. Admitamos, ainda, que o desgaste dos fusos — e estes nos representam todos os outros meios de trabalho empregados — eleva-se a 2 francos. Se um volume de ouro de 12 francos é o produto de 24 horas de trabalho, conclui-se daí que são duas jornadas de trabalho dedicadas aos fios.

Essa circunstância, de que o algodão mudou de forma e de que o desgaste fez desaparecer uma quota-parte dos fusos, não deve nos fazer perder o rumo. De acordo com a lei geral das trocas, 10 libras de fios equivalem a 10 libras de algodão e um quarto de fusos, se o valor de 40 libras de fios igualar o valor de 40 libras de algodão, mais um fuso inteiro, isto é, se o mesmo tempo de trabalho é necessário para produzir um ou outro termo dessa equação. Neste caso, o mesmo tempo de trabalho é representado uma vez em fios, outra vez em algodão e fuso. O fato de fuso e algodão, em lugar de permanecerem em repouso um ao lado do outro, serem combinados durante a fiação que, mudando suas formas usuais, os converteu em fios, não afeta mais seu valor do que o faria a sua simples troca por um equivalente em fios.

O tempo de trabalho necessário para a produção dos fios compreende o tempo de trabalho necessário para produzir a matéria-prima deles, o algodão. Ocorre o mesmo quanto ao tempo necessário para reproduzir os fusos desgastados.

É preciso, bem entendido, que duas condições sejam atendidas: em primeiro lugar, que os meios hajam realmente servido para produzir um valor de uso, no nosso caso os fios. Pouco importa ao valor o gênero de valor de uso que o sustenta, mas ele deve ser sustentado por um valor de uso. Em segundo lugar, está subentendido que só se emprega o tempo de trabalho necessário nas condições normais da produção. Se 1 libra de algodão basta em média para fabricar 1 libra de fios, é somente o valor de 1 libra de algodão que será imputado ao valor de 1 libra de fios. Tivesse o capitalista a fantasia de empregar fusos de ouro e, entretanto, seria computado no valor dos fios tão só o tempo de trabalho necessário à produção do instrumento de ferro.

Conhecemos no presente o valor que o algodão e o desgaste dos fusos conferem aos fios. Esse valor é igual a 12 francos – a incorporação de duas jornadas de trabalho. Resta, portanto, investigar quanto valor o trabalho do fiandeiro acrescenta ao produto.

Esse trabalho se apresenta agora sob um novo aspecto. Primeiramente era a arte de fiar. Quanto mais valia o trabalho, mais valiam os fios, todas as outras circunstâncias permanecendo as mesmas. O trabalho do fiandeiro distinguia-se de outros trabalhos produtivos por conta de seu objetivo, seus procedimentos técnicos, as propriedades de seu produto e seus meios de produção específicos. Com o algodão e os fusos empregados pelo fiandeiro não se poderia fazer canos estriados. Ao contrário, enquanto fonte de valor, o trabalho do fiandeiro não difere em nada do trabalho do furador de canos ou, por sua vez, daquele que cultiva algodão ou daquele que fabrica fusos, quer dizer, dos trabalhos realizados nos meios de produção dos fios. Se esses trabalhos, a despeito da diferença de suas formas úteis, não eram de uma essência idêntica, não poderiam constituir porções, indistintas quanto à sua qualidade, do trabalho total realizado no produto. A partir desse momento, os valores algodão e fusos não constituiriam, tampouco, partes integrantes do valor total dos fios. Com efeito, o que importa aqui não é mais a qualidade, mas sim a quantidade do trabalho; é unicamente ela que tem importância. Admitamos que a fiação seja do trabalho simples médio. Veremos mais tarde que a suposição contrária não mudaria nada no que diz respeito à coisa.

Durante o processo de produção, o trabalho passa incessantemente da forma dinâmica à forma estática. Uma hora de trabalho, por exemplo, isto é, o dispêndio em força vital do fiandeiro durante uma hora, é representada numa quantidade determinada de fios.

O que é aqui de uma importância decisiva é que durante a duração da transformação do algodão em fios, somente se gasta o tempo de trabalho socialmente necessário. Se nas condições normais, isto é, condições sociais médias da produção, é necessário que durante uma hora de trabalho A libras de algodão sejam convertidas em B libras de fios, computa-se como jornada de trabalho de 12 horas tão só a jornada de trabalho que converteu 12 x A libras de algodão em 12 x B libras de fios. O tempo de trabalho socialmente necessário é, com efeito, o único que conta na formação do valor.

Observar-se-á que não só o trabalho, como também os meios de produção e o produto mudaram agora de papel. Tudo que fez a matéria-prima foi impregnar-se de uma certa quantidade de trabalho. É verdade que essa absorção a converteu em fios, já que a força vital do operário foi despendida sob forma de fiação, mas o produto em fios só serve de medidor de graus que indica a quantidade de trabalho absorvida pelo algodão; por exemplo, 10 libras de fios indicarão seis horas de trabalho, se for necessária uma hora para fiar 1 libra e dois terços de algodão. Certas quantidades de produto determinadas de acordo com os dados da experiência só representam volumes de trabalho solidificado – a materialidade de uma hora, de duas horas, de um dia de trabalho social.

Que o trabalho seja precisamente fiação, sua matéria algodão e seu produto fio, isso é completamente indiferente, como é indiferente que o próprio objeto de trabalho seja já matéria-prima, isto é, um produto. Se o operário, em lugar de estar ocupado numa fábrica de fiação, estivesse empregado numa fábrica de óleo, a natureza lhe forneceria seu objeto de trabalho. Todavia, um *quantum* determinado de óleo extraído de seu leito, um quintal, por exemplo, representaria um *quantum* determinado de trabalho absorvido.

Por ocasião da venda da força de trabalho, ficou subentendido que seu valor diário = 3 francos — soma de ouro na qual 6 horas de trabalho são incorporadas — e que, consequentemente, é preciso trabalhar 6 horas para produzir a soma média de subsistência necessária à manutenção quotidiana do trabalhador. Como nosso fiandeiro converteu durante uma hora 1 libra e dois terços de algodão em 1 libra e dois terços de fios, ele converterá em 6 horas 10 libras de algodão em 10 libras de fios.[51] Durante a duração da fiação, o algodão absorve, portanto, 6 horas de trabalho. O mesmo tempo do trabalho é fixado numa soma de ouro de 3 francos. O fiandeiro, portanto, acrescentou ao algodão um valor de 3 francos.

Façamos agora a conta do valor total do produto. As 10 libras de fios contêm duas jornadas e meia de trabalho; algodão e fuso contêm duas jornadas; uma meia jornada foi absorvida durante a fiação. A mesma soma de trabalho é fixada num volume de ouro de 15 francos. O preço de 15 francos exprime, portanto, o valor exato

---

51. Estas cifras são aqui inteiramente arbitrárias.

de 10 libras de fios, o preço de 1 franco e 50 centavos corresponde àquele de 1 libra.

Nosso capitalista fica estupefato. O valor do produto é igual ao valor do capital adiantado. O valor adiantado não se tornou maior; não gerou mais-valia, e o dinheiro, por conseguinte, não se metamorfoseou em capital. O preço de 10 libras de fios é 15 francos, e 15 francos foram gastos no mercado com os elementos constitutivos do produto, ou o que equivale a isso, com os fatores do processo de trabalho, 10 francos com o algodão, 2 francos com o desgaste dos fusos, 3 francos com a força de trabalho. De nada serve o fato de o valor dos fios ter aumentado de volume, uma vez que esse valor é apenas a soma dos valores distribuídos anteriormente nos seus fatores e, ao adicioná-los, não se os multiplica.[52] Todos esses valores estão agora concentrados num objeto, porém estavam também na soma de 15 francos antes que o capitalista a tirasse de seu bolso do colete para subdividi-la em três compras.

Nada há de estranho nesse resultado. O valor de 1 libra de fios equivale a 1 franco e meio e, no mercado, nosso capitalista teria que pagar 15 francos por 10 libras de fios. Que ele compre sua morada completamente construída, ou que a faça construir às suas próprias custas, nenhuma dessas operações aumentará o dinheiro empregado na aquisição de sua casa.

O capitalista, o qual conhece bem sua economia política vulgar, talvez exclame que só adiantou seu dinheiro com a intenção de

---

52. É principalmente nessa proposição, de que tudo que o operário da indústria fazia era acrescentar à matéria-prima o valor de sua subsistência e não um novo valor, que os fisiocratas baseiam sua doutrina da improdutibilidade de todo trabalho não agrícola, e ela é irrefutável para os economistas que repelem a teoria da mais-valia de Marx. "Essa maneira de atribuir a uma só coisa o valor de várias outras (por exemplo, ao linho o consumo do tecelão), de aplicar, por assim dizer, camada sobre camada, vários valores sobre um único, faz com que este se amplie tanto quanto... O termo de adição retrata muito bem a maneira na qual se forma o preço das operações de mão-de-obra; esse preço não passa de um total de vários valores consumados e adicionados em conjunto; ora, adicionar não é multiplicar." (Mercier de la Rivière).

multiplicá-lo. Mas o caminho para o inferno está pavimentado de boas intenções, e ninguém pode impedi-lo de ter a intenção de enriquecer sem produzir. Ele jura que não o apanharão noutra; no futuro comprará no mercado mercadorias totalmente fabricadas em lugar de fabricá-las ele próprio. Se, porém, todos os seus compadres capitalistas fizerem o mesmo, como encontrar mercadorias no mercado? Entretanto, ele não pode comer seu dinheiro. Põe-se, então, a nos catequizar: dever-se-ia levar em consideração sua abstinência, afinal, podia banquetear-se com seus 15 francos e, em lugar disso, os consumiu produtivamente e com eles fabricou fios. É verdade, mas também dispõe de fios e não de remorso. Que ele se empenhe em partilhar da sorte do entesourador que nos mostrou aonde conduz o ascetismo.

Ademais, onde nada há, o rei perde seus direitos. Qualquer que seja o mérito de sua abstinência, não encontra fundos para pagá-la, uma vez que o valor da mercadoria que emerge da produção é exatamente igual à soma dos valores que nela ingressaram. Que seu bálsamo seja este pensamento consolador: a virtude só é paga com a virtude. Mas não! Ele se torna importuno. Tudo que tinha a fazer eram seus fios; produziu-os para a venda. Ora, que os venda então! Ou, o que seria mais simples, que produza no futuro somente objetos necessários ao seu próprio consumo: Mac Culloch, seu Esculápio[53] ordinário, já lhe deu essa panaceia contra os excessos epidêmicos de produção. Ei-lo a resistir. Teria o operário a pretensão de construir no ar com seus dez dedos, de produzir mercadorias com nada? Sem lhe fornecer a matéria na qual e com a qual exclusivamente ele pode conferir um corpo ao seu trabalho? E como a maior parte da sociedade civil é composta de semelhantes miseráveis, não prestou ele com seus meios de produção, seu algodão e seus

---

53. Deus da medicina na mitologia romana, correspondente ao Asclépio da mitologia grega. (N.T.)

fusos um serviço imenso a tal sociedade e, mais particularmente, ao operário a quem adiantou, acima do mercado, a subsistência? E ele nada tomou por esse serviço! Mas o operário não prestou a ele, em troca, o serviço de converter em fios o algodão e os fusos dele? De resto, não se trata aqui de serviços.[54] O serviço é apenas o efeito útil de um valor de uso, seja este mercadoria ou trabalho. Aquilo do que se trata é o valor de troca. Ele pagou ao operário um valor de 3 francos. O operário produziu para ele o equivalente exato, acrescentando o valor de 3 francos ao algodão, valor contra valor. Nosso amigo, nesse momento tão inchado de presunção capitalista, assume subitamente a atitude modesta de um simples trabalhador. Afinal, ele também não trabalhou? Seu trabalho de supervisão e inspeção não é também formador de valor? O diretor de sua fábrica e seu contramestre, diante disso, dão de ombros. É quando o capitalista retoma, com um sorriso manhoso, sua expressão habitual. Zombava de nós com suas litanias. Não daria 2 soldos por tudo isso. Deixa esses subterfúgios, essas tergiversações vãs para os professores de economia política: são pagos para isso, é a profissão deles. Quanto a ele, é homem prático e se não reflete sempre naquilo que declara fora dos negócios, nos negócios sempre sabe o que faz.

Observemo-lo de mais perto. O valor diário da força de trabalho equivale a 3 francos, porque é necessária uma meia jornada de trabalho para produzir cotidianamente essa força, isto é, a subsistência necessária à manutenção diária do operário custa uma meia jornada de trabalho. Contudo, o trabalho passado que a força de trabalho encerra e o trabalho atual que ela pode executar, suas despesas de

---

54. A teoria dos serviços a título de explicação dos lucros capitalistas, defendida por J.-B. Say, não é sustentável, mesmo no terreno onde é instalada. Com efeito, se a retribuição devesse ser proporcional ao serviço prestado, o lavrador que cultiva o trigo e os trabalhadores que o transformam em farinha e pão seriam aqueles que deveriam receber as maiores retribuições, e estão entre aqueles que recebem o menor dos salários. Ademais, todos os serviços são prestados pelos operários que, diz Adam Smith, "alimentam, alojam e vestem todo o corpo da nação". (*Richesse des nations*, Livro I, cap. VIII, *Des salaires*, p. 160, tomo I, tradução de G. Garnier. Ano X-1802).

manutenção diária e o dispêndio que se faz com isso a cada dia, são duas coisas completamente diferentes. As despesas da força nesse sentido determinam o valor de troca, ao passo que o dispêndio da força nesse sentido constitui o valor de uso. Se uma meia jornada de trabalho é suficiente para fazer o operário viver por 24 horas, não se conclui disso que ele não possa trabalhar uma jornada inteira. O valor que a força de trabalho possui e o valor que ela é capaz de criar diferem, portanto, quanto à grandeza. É essa diferença de valor que o capitalista tinha em vista quando comprou a força de trabalho. A capacidade que esta tem para produzir fios ou botas era apenas uma condição *sine qua non*, uma vez que o trabalho deve ser despendido sob uma forma útil para produzir o valor. O que decidiu a questão, porém, foi a utilidade específica dessa mercadoria, ser ela fonte de valor e de mais valor do que ela própria possui. É aí que se acha o serviço especial que o capitalista dela solicita. Nesse caso, ele se submete às leis eternas da troca das mercadorias. Com efeito, o vendedor da força de trabalho, como o vendedor de qualquer outra mercadoria, concretiza dela o valor permutável e aliena dela o valor de uso.

Não poderia obter um sem conceder o outro. O valor de uso da força de trabalho, isto é, o trabalho, não pertence mais ao vendedor de trabalho do que pertence ao vendedor de alimentos e temperos o valor de uso do óleo vendido. O dono das moedas pagou o valor diário da força de trabalho; seu uso durante o dia, o trabalho de uma jornada inteira, portanto, a ele pertencem. Que a manutenção diária dessa força custa apenas meia jornada de trabalho, ainda que possa operar ou atuar durante a jornada inteira, isto é, que o valor criado por seu uso durante um dia seja o dobro de seu próprio valor diário, nisso reside uma oportunidade particularmente feliz para o comprador, mas que em nada lesa o direito do vendedor.

Nosso capitalista previu esse caso, e é o que o leva ao riso. O operário encontra, portanto, na fábrica, os meios de produção necessários a uma jornada de trabalho não de 6, mas de 12 horas. Visto que 10 libras de algodão haviam absorvido seis horas de trabalho e se transformaram em 10 libras de fios, 20 libras de algodão absorverão 12 horas de trabalho e se transformarão em 20 libras de fios. Examinemos agora no caso do produto do trabalho prolongado. As 20 libras de fios contêm cinco jornadas de trabalho das quais quatro foram concretizadas no algodão e nos fusos consumidos, uma absorvida pelo algodão durante a operação de fiação. Ora, a expressão monetária de cinco jornadas de trabalho é 30 francos. Tal é, portanto, o preço das 20 libras de fios. A libra de fios custa tanto depois quanto antes 1 franco e 50 centavos. Mas a soma de valor das mercadorias empregadas na operação não ultrapassa 27 francos, e o valor dos fios atinge 30 francos. O valor do produto aumentou em 1/9 sobre o valor adiantado para sua produção. Os 27 francos adiantados foram, portanto, transformados em 30 francos. Geraram uma mais-valia de 3 francos. O giro foi realizado. O dinheiro foi metamorfoseado em capital.

O problema é resolvido em todos os seus termos. A lei das trocas foi rigorosamente observada, equivalente por equivalente. No mercado o capitalista compra no seu justo valor cada mercadoria – algodão, fusos, força de trabalho. Em seguida faz o que faz qualquer outro comprador, ou seja, consome o valor de uso delas. O consumo da força de trabalho sendo ao mesmo tempo produção de mercadorias, fornece um produto de 20 libras de fios valendo 30 francos. Então, o capitalista que deixara o mercado como comprador, a ele retorna como vendedor. Vende os fios a 1 franco e 50 centavos a libra, nem um vintém acima ou abaixo de seu valor e, todavia, o capitalista retira da circulação 3 francos a mais que ele nela não tinha colocado. Essa transformação de seu dinheiro em capital ocorre na esfera da circulação e nela não ocorre.[55] A circulação

---

55. No original, "*et ne s'y passe pas*": aqui parece haver uma clara contradição. Poderíamos entender como "*e não ocorre propriamente nela*". É o que sugere a frase na imediata sequência. (N.T.)

serve de intermediário. É lá, no mercado, que se vende a força de trabalho, para ser explorada na esfera da produção, onde se torna fonte de mais-valia, e tudo é assim para o melhor no melhor dos mundos possíveis.

O capitalista, ao transformar o dinheiro em mercadorias, que servem de elementos materiais de um novo produto, ao nelas incorporar em seguida a força de trabalho vivo, transforma o valor de trabalho passado — morto, tornado coisa — em capital, um valor avantajado de valor, monstro animado que se põe a trabalhar como se tivesse o diabo no corpo.

A produção de mais-valia não é, portanto, outra coisa senão a produção de valor, prolongada além de um certo ponto. Se o processo de trabalho dura somente até o ponto em que o valor da força de trabalho paga pelo capital, substituído por um novo equivalente, há produção simples de valor; quando ultrapassa esse limite, há produção de mais-valia.

Ao examinar a produção de mais-valia, supomos que o trabalho apropriado pelo capital é trabalho simples médio. A suposição contrária nada mudaria aí. Admitamos, por exemplo, que, comparado ao trabalho do fiandeiro, o do joalheiro é trabalho de uma faculdade superior; que um é trabalho simples, e outro, trabalho complexo, no qual se manifesta uma força mais difícil de ser formada e que produz no mesmo tempo mais valor. Mas qualquer que seja o grau de diferença entre esses dois trabalhos, a porção de trabalho em que o joalheiro produz mais-valia para seu patrão em nada difere qualitativamente da porção de trabalho em que tudo que ele faz é substituir o valor de seu próprio salário. Depois, como antes, a mais-valia provém da duração prolongada do trabalho, seja aquele do fiandeiro ou aquele do joalheiro.[56]

---

56. A distinção entre trabalho complexo e trabalho simples (*skilled and unskilled labour*) se apoia frequentemente em puras ilusões, ou, ao menos, em diferenças que não têm, após muito tempo, nenhuma realidade e que só sobrevivem mediante uma

Por outro lado, quando se trata de produção de valor, o trabalho superior deve ser sempre reduzido à média do trabalho social, por exemplo, uma jornada de trabalho complexo por duas jornadas de trabalho simples. Se economistas convenientemente protestam contra essa "asserção arbitrária", não é o caso de dizer, conforme o provérbio alemão, que as árvores os impede de ver a floresta! Aquilo que acusam como sendo uma análise artificiosa, é pura e simplesmente um procedimento que se pratica todos os dias em todos os cantos do mundo. Em todo lugar, os valores das mais diversas mercadorias são indistintamente expressos em moeda, isto é, num certo volume de ouro ou de dinheiro. Por isso mesmo, os diferentes dias de trabalho representados por esses valores foram reduzidos em proporções diferentes a somas determinadas de uma única e mesma espécie de trabalho ordinário, o trabalho que produz o ouro ou o dinheiro.

---

convenção tradicional. É também frequentemente uma maneira de falar que pretende colorir o fato brutal de que certos grupos da classe operária, por exemplo os agricultores, são posicionados de modo pior do que outros, a fim de extrair o valor de sua força de trabalho. Circunstâncias acidentais desempenham mesmo aqui um papel tão grande que se pode ver trabalhos do mesmo gênero mudarem alternadamente de lugar. Onde, por exemplo, a constituição física dos trabalhadores é debilitada ou relativamente esgotada pelo regime industrial, trabalhos realmente brutais exigem muita força muscular, sobem na escala, enquanto trabalhos muito mais delicados descem ao nível do trabalho simples. O trabalho de um pedreiro (*bricklayer*) ocupa, na Inglaterra, um nível bem mais elevado do que aquele de um tecelão de damasco. Por outro lado, o trabalho de um cortador de fustão (*fustian cutter*) figura como trabalho simples, embora exija muitos esforços corporais, sendo, ademais, muito insalubre. Além disso, não é preciso conceber que o trabalho que se pretende superior, *skilled*, ocupa um largo espaço no trabalho nacional. De acordo com o cálculo de Laing, havia, em 1843, na Inglaterra, incluindo o país de Gales, 11 milhões de habitantes cuja existência se baseava no trabalho simples. Dedução feita de 1 milhão de aristocratas e de 1 milhão correspondente de pobres, de vagabundos, de criminosos, de prostitutas, etc. dos 17 milhões que compunham a população no momento em que ele escrevia; restam 4 milhões para a classe média, nesta incluídas as pessoas que viviam de modestas rendas, os empregados, os escritores, os artistas, os professores, etc. Visando a obter esses 4 milhões, ele computa, na parte trabalhadora da classe média, independentemente dos banqueiros, dos financistas, etc., os operários de fábricas mais bem pagos! Os próprios pedreiros figuram entre os trabalhadores elevados à segunda potência; resta-lhe, então, os 11 milhões supracitados que extraem sua subsistência do trabalho simples (Laing: *National distress, etc.* London, 1844). "A grande classe que não tem para oferecer para sua alimentação senão o trabalho ordinário forma a grande massa do povo." (James Mill, *Art. Colony*, suplemento da *Encyclop. Brit.*, 1831).

CAPÍTULO VIII
CAPITAL CONSTANTE E
CAPITAL VARIÁVEL[57]

Os diferentes fatores do processo de trabalho assumem uma parte diferente na formação do valor dos produtos.

O operário transmite um valor novo ao objeto de trabalho mediante a adição de uma nova dose de trabalho, seja qual for o caráter útil. Por outro lado, reencontramos os valores dos meios de produção consumidos como elementos no valor do produto, por exemplo, o valor do algodão e dos fusos naquele dos fios. Os valores dos meios de produção são, portanto, conservados por sua transmissão ao produto. Essa transmissão tem lugar no curso do trabalho, durante a transformação dos meios de produção em produto. O trabalho, portanto, é disso o intermediário. Mas de qual maneira?

O operário não trabalha em dobro no mesmo tempo, uma vez para acrescer um novo valor ao algodão e a outra vez para conservar dele o antigo, ou, o que equivale absolutamente ao mesmo, para transmitir ao produto, aos fios, o valor dos fusos que desgasta e o do algodão que ele fabrica. É pela simples adição de um novo valor que ele mantém o antigo. Mas como a adição de um valor novo ao objeto de trabalho e a conservação dos valores antigos no produto são dois resultados totalmente diferentes que o operário obtém no mesmo tempo, esse efeito duplo só pode evidentemente resultar do caráter duplo de seu trabalho. Esse trabalho deve, no mesmo

---

57. Loc. cit., cap. VIII, ed. francesa; cap. VI, 4ª ed. alemã.

momento, em virtude de uma propriedade, criar, e em virtude de uma outra propriedade, conservar ou transmitir valor.

Como o operário acrescenta trabalho e, consequentemente, valor? Não é sob a forma de um trabalho útil e particular e somente sob essa forma? O fiandeiro só acrescenta trabalho fiando, o tecelão, só tecendo, o ferreiro, só forjando. Mas é precisamente essa forma de tecelagem, de fiação, etc., em síntese, a forma produtiva especial na qual a força de trabalho é despendida, que converte os meios de produção, tais como algodão e fusos, fio e tear, ferro e bigorna, em elementos formadores de um produto, de um novo valor de uso. A antiga forma de seu valor de uso somente desaparece para se revestir de uma forma nova. Ora, vimos que o tempo de trabalho necessário para produzir um artigo compreende também o tempo de trabalho necessário à produção dos artigos consumidos no ato de sua produção. Em outros termos, o tempo de trabalho necessário para produzir os meios de produção consumidos conta no produto novo.

O trabalhador conserva, portanto, o valor dos meios de produção consumidos, e o transmite ao produto como parte constituinte de seu valor, não porque acresça trabalho em geral, mas pelo caráter útil, pela forma produtiva desse trabalho adicional. Enquanto é útil, enquanto é atividade produtiva, o trabalho, pelo seu simples contato com os meios de produção, os ressuscita dos mortos, deles faz os fatores de seu próprio movimento e a eles se une para constituir produtos.

Se o trabalho produtivo específico do operário não fosse a fiação, ele não produziria fios e, consequentemente, não lhes transmitiria os valores do algodão e dos fusos. Contudo, por uma jornada de trabalho, o mesmo operário, caso mude de ocupação e se torne, por exemplo, marceneiro, acrescentará, tanto depois como antes, valor às matérias. Ele o acrescenta, portanto, mediante seu trabalho considerado não como trabalho de tecelão ou de marceneiro, porém como trabalho humano geral, e acresce uma quantidade determinada de valor, não porque seu trabalho tem um caráter útil particular, mas porque ele dura um certo tempo.

É, portanto, em virtude de sua propriedade geral, abstrata, como dispêndio de força vital humana, que o trabalho do fiandeiro acrescenta um valor novo aos valores do algodão e dos fusos; e é em virtude de sua propriedade concreta, particular, de sua propriedade útil como fiação, que ele transmite o valor desses meios de produção ao produto e o conserva assim nesse produto. Daí o caráter duplo de seu resultado no mesmo período de tempo.

Por meio de uma simples adição, mediante uma quantidade nova de trabalho, um novo valor é acrescentado; pela qualidade do trabalho acrescentado, os antigos valores dos meios de produção são conservados no produto. Esse duplo efeito do mesmo trabalho em razão de seu duplo caráter se torna compreensível num grande número de fenômenos.

Suponha que uma invenção qualquer permita ao operário fiar, em seis horas, tanto algodão quanto fiava antes em 36 horas. Como atividade útil, produtiva, a força de seu trabalho foi multiplicada por seis, e seu produto é seis vezes maior, 36 libras de fios em lugar de 6. Mas as 36 libras de algodão não absorvem mais trabalho do que absorviam 6 no primeiro caso. Ele a elas acrescentou apenas um sexto do trabalho que o antigo método teria exigido e, consequentemente, apenas um sexto de valor novo. Por outro lado, o valor sêxtuplo de algodão existe agora no produto, as 36 libras de fios. Nas seis horas de fiação, um valor seis vezes maior em matérias-primas é conservado e transmitido ao produto, ainda que o valor novo acrescentado a essa mesma matéria seja seis vezes menor. Isso mostra como a propriedade em virtude da qual o trabalho conserva o valor é essencialmente diferente da propriedade em virtude da qual, durante o mesmo ato, ele cria valor. Quanto mais ele transmite, durante a fiação, trabalho necessário à mesma quantidade de algodão, maior é o valor novo acrescentado a este; mas quanto mais ele fia libras de algodão num tempo de trabalho idêntico, maior é o valor antigo que é conservado no produto.

Admitamos, ao contrário, que a produtividade do trabalho se mantém constante, que se faz necessário, por conseguinte, ao fiandeiro sempre o mesmo tempo para transformar 1 libra de algodão em fios, mas que o valor de troca do algodão varia e que 1 libra de algodão valha seis vezes mais ou menos do que antes. Nos dois casos, o fiandeiro continua a acrescentar o mesmo *quantum* de trabalho à mesma quantidade de algodão, isto é, o mesmo valor; e, em ambos os casos, ele produz, no mesmo tempo, a mesma quantidade de fios. Entretanto, o valor que ele transfere do algodão aos fios, ao produto, é, num caso, seis vezes menor, e, no outro, seis vezes maior do que anteriormente. Ocorre o mesmo quando os instrumentos de trabalho encarecem ou são vendidos a menor preço, mas prestam, não obstante, sempre o mesmo serviço.

Se as condições técnicas da fiação permanecem as mesmas e seus meios de produção não experimentam nenhuma mudança de valor, o fiandeiro continua a consumir, em determinados tempos de trabalho, quantidades definidas de matéria-prima e de máquinas cujo valor se mantém, consequentemente, sempre o mesmo. O valor conservado por ele no produto está, nesse caso, na razão direta do valor novo acrescentado por ele. Em duas semanas adiciona duas vezes mais trabalho do que em uma e, portanto, duas vezes mais valor e, ao mesmo tempo, usa duas vezes mais matérias e duas vezes mais máquinas; conserva, assim, no produto de duas semanas, duas vezes mais valor do que no produto de uma única. Em condições invariáveis, o operário conserva tanto mais valor quanto o que adiciona a mais. Todavia, não conserva mais valor porque adiciona a mais, mas porque o adiciona em circunstâncias invariáveis e independentes de seu trabalho.

Contudo, pode-se dizer, num sentido relativo, que o operário conserva sempre valores antigos à medida que acrescenta um valor novo. Que o algodão aumente ou abaixe em 1 franco, seu valor conservado no produto de uma hora não será nunca aquele que se acha no produto de duas horas. Do mesmo modo, se a produtividade do trabalho do fiandeiro varia, se aumenta ou diminui, ele irá fiar, por exemplo, em uma hora mais ou menos algodão do que antes, e, em razão disso, conservará no produto de uma hora o valor de mais ou menos algodão. Mas, seja qual for o caso, conservará sempre em duas horas de trabalho duas vezes mais valor do que em uma só.

Exceto por sua representação puramente simbólica por meio dos signos, o valor somente existe numa coisa útil, um objeto. (O próprio ser humano, como simples existência de força de trabalho, é um objeto natural, um objeto vivo e consciente, e o trabalho é apenas a manifestação externa, material dessa força.) Se, portanto, o valor de uso se perde, o valor de troca igualmente se perde. Os meios de produção que perdem seu valor de uso não perdem ao mesmo tempo o valor deles, porque o processo de trabalho os faz, na realidade, perder a forma primitiva de utilidade tão só para lhes conferir no produto a forma de uma utilidade nova. E, por mais importante que seja para o valor existir num objeto útil qualquer, a metamorfose das mercadorias nos provou que pouco lhe importa qual seja esse objeto. Disso se conclui que o produto só absorve no decorrer do trabalho o valor do meio de produção à medida que este, ao perder sua utilidade, perde também seu valor. Só se transmite ao produto o valor que se perde como meio de produção. Contudo, desse ponto de vista, os fatores materiais do trabalho se comportam diferentemente.

O carvão com o qual se aquece a máquina desaparece sem deixar traço, do mesmo modo que o sebo com o qual se engraxa o eixo da roda, e assim sucessivamente. As tintas e outras matérias auxiliares desaparecem igualmente, mas se mostram nas propriedades do produto, cuja matéria-prima forma a substância, porém, após ter mudado de forma. Matéria-prima e matérias auxiliares, portanto, perdem o aspecto que tinham ao entrar como valores de uso no processo de trabalho. É completamente diferente no que se refere aos instrumentos propriamente ditos. Um instrumento qualquer, uma máquina, uma fábrica, um vaso servem ao trabalho somente o tempo durante o qual conservam sua forma primitiva. Da mesma maneira que durante sua vida, isto é, durante o curso do trabalho, eles mantêm sua forma própria diante do produto, eles a mantêm ainda após sua morte. Os cadáveres de máquinas, de instrumentos, de fábricas, etc., continuam existindo independentemente e de modo dissociado dos produtos para cuja fabricação contribuíram. Se considerarmos todo o período durante o qual um instrumento de trabalho realiza seu serviço, desde o dia de sua entrada na fábrica até o dia no qual é descartado, veremos que seu valor de uso durante esse período foi consumido inteiramente pelo trabalho e, em razão disso, seu valor foi transmitido por completo ao produto. Uma máquina de fiar, por exemplo, durou dez anos? Durante seu funcionamento de dez anos, seu valor total foi incorporado aos produtos de dez anos. O período de vida de tal instrumento compreende, assim, um número mais ou menos grande das mesmas operações incessantemente renovadas com seu auxílio. E o período de vida do instrumento de trabalho é como o do ser humano. Cada homem morre todos os dias de 24 horas, mas é impossível saber do simples prisma de um homem há quantos dias já está morto. Isso, entretanto, não impede que as companhias de seguros tirem da vida média do ser humano conclusões muito seguras e, o que mais importa a elas, muito lucrativas. Sabe-se, do mesmo modo, por experiência, quanto tempo em média dura um instrumento de trabalho, por exemplo, uma tricotadeira. Se admitimos que sua utilidade se mantém apenas seis dias no trabalho inicialmente realizado, a tricotadeira perde cada dia em média um sexto de seu valor de uso e transmite, consequentemente, um sexto de seu valor de troca ao produto cotidiano. Calcula-se, dessa maneira, o desgaste cotidiano de todos os instrumentos de trabalho e o que transmitem por dia de seu próprio valor àquele do produto.

Vê-se aqui de uma maneira impressionante que um meio de produção jamais transmite ao produto mais valor do que o que perde ele mesmo pelo seu enfraquecimento no decorrer do trabalho. Se não tinha nenhum valor a perder, isto é, se não era ele mesmo um produto do trabalho humano, não poderia transferir ao produto nenhum valor. Serviria para a formação de objetos de uso sem servir para a formação de valores. É o caso que se apresenta com todos os meios de produção fornecidos pela natureza, sem que o ser humano em nada contribua para isso, como a terra, a água, o vento, o ferro no veio de metal, a madeira na floresta primitiva, e assim por diante.

Topamos aqui com um outro fenômeno interessante. Suponhamos que uma máquina valha, por exemplo, 1 mil francos e que se desgasta em mil dias; nesse caso, um milésimo do valor da máquina é transmitido cada dia ao seu produto diário; a máquina, porém, embora com uma vitalidade sempre decrescente, funciona sempre e por inteiro no processo de trabalho. Portanto, ainda que um fator do trabalho ingresse por inteiro na produção de um valor de uso, ingressa apenas parcialmente na formação do valor. A diferença entre os dois processos reflete-se, assim, nos fatores materiais, visto que, na mesma operação, um só e idêntico meio de produção conta integralmente como elemento do primeiro processo, e em frações somente a título de elemento do segundo.

Inversamente, um meio de produção pode entrar por inteiro na formação do valor, embora apenas parcialmente na produção dos valores de uso. Suponhamos que, na operação de fiação de 115 libras de algodão, haja 15 perdidas, isto é, as que formam, em lugar de fios, o que os ingleses chamam de pó do diabo (*devil's dust*). Se, todavia, esse resíduo de 15% for normal e inevitável em média na fabricação, o valor das 15 libras de algodão, que não formam nenhum elemento dos fios, ingressa tanto no valor quanto as 100 libras que dele formam a substância. É preciso que 15 libras de algodão desapareçam para que se possa produzir 100 libras de fios. É precisamente porque essa perda constitui uma condição da produção que o algodão perdido transmite aos fios o valor dela. E acontece o mesmo no que toca a todos os excrementos do trabalho, na medida em que, bem entendido, não sirvam mais para formar novos meios de produção e, consequentemente, novos valores de uso. Assim, vê-se nas grandes fábricas de Manchester montanhas de resíduos de ferro removidas por enormes máquinas, transformadas em lamínulas de madeira por meio da plaina, passarem à tarde da fábrica para a fundição e retornarem no dia seguinte da fundição para a fábrica em blocos de ferro maciço.

Os meios de produção somente transmitem valor ao novo produto na medida em que o perdem sob suas formas antigas de utilidade. O máximo de valor que podem perder no curso do trabalho tem por limite a grandeza do valor originário que possuíam ao ingressar na operação, ou o tempo de trabalho que a produção deles exigiu. Os meios de produção, portanto, não podem nunca acrescentar ao produto mais valor do que aquele que eles próprios possuem. Qualquer que seja a utilidade de uma matéria-prima, de uma máquina, de um meio de produção, se custa 150 luíses, seja para quinhentas jornadas de trabalho, não acrescenta nada ao produto total para cuja formação contribui nunca mais de 150 luíses. Seu valor é determinado não pelo trabalho em que ingressa como meio de produção, mas por aquele de que sai como produto. Só serve na operação na qual o empregamos como valor de uso, como coisa que possui propriedades úteis; se, antes de ingressar nessa operação, não possuísse nenhum valor, não concederia nenhum ao produto.

Enquanto o trabalho produtivo transforma os meios de produção em elementos formadores de um novo produto, o valor deles é submetido a uma espécie de metempsicose. Vai do corpo consumido ao corpo novamente formado. Essa transmigração, porém, é realizada sem que o trabalho real o saiba. O trabalhador não pode acrescentar um novo trabalho e, por conseguinte, criar um valor novo sem conservar valores antigos, uma vez que deve acrescentar esse trabalho sob uma forma útil, e não é possível que isso ocorra sem que ele transforme produtos em meios de produção de um produto novo, ao qual ele transmite, por isso mesmo, o valor dos meios. A força de trabalho em atividade, o trabalho vivo, possui, portanto, a propriedade de conservar o valor acrescentando valor; aí reside um dom natural que nada custa ao trabalhador, mas que beneficia muito o capitalista, que a ele deve a conservação do valor atual de seu capital. Enquanto os negócios vão bem, ele está demasiado absorto na fabricação de mais-valia para distinguir esse dom gratuito do trabalho. Interrupções violentas, tais como as crises, forçam-no brutalmente a percebê-lo.[58]

O que se consome nos meios de produção é o valor de uso deles, cujo consumo pelo trabalho forma produtos. No tocante ao que é o valor deles, na realidade não é consumido e não pode ser, consequentemente, reproduzido. É conservado não em virtude de uma operação sofrida por ele no curso do trabalho, mas porque o objeto no qual ele existe originalmente só desaparece para assumir uma nova forma útil. O valor dos meios de produção é resgatado,

---

58. No *Times* de 26 de novembro de 1862, um fabricante cuja fábrica de fiação ocupa 800 operários e consome por semana 150 fardos de algodão indiano, em média, ou cerca de 130 fardos de algodão americano, cansa o público com suas lamentações a respeito das despesas anuais que lhe custam a suspensão intermitente do trabalho na sua fábrica. Ele as avalia em 6 mil libras esterlinas. Entre essas despesas se encontram muitos artigos dos quais não temos que nos ocupar, tais como o imposto predial, outros impostos, prêmio do seguro, salário dos operários empregados anualmente, despesa com o vigia, com o contador, o engenheiro e assim por diante. Computa, em seguida, 150 libras esterlinas com carvão para aquecer a fábrica ocasionalmente e pôr a máquina a vapor em funcionamento e, além disso, o salário dos operários cujo trabalho é ocasionalmente necessário. Enfim, 1.200 libras esterlinas com as máquinas, visto que "a temperatura e os princípios naturais de deterioração não suspendem sua ação porque as máquinas não funcionam". Ele observa enfaticamente que se sua avaliação não supera em muito essa soma de 1.200 libras esterlinas, é porque todo o seu material está bem próximo de estar fora de uso.

portanto, no valor do produto; mas não é, a nos expressarmos propriamente, reproduzido. O que é produzido é o novo valor de uso no qual o valor antigo aparece novamente.

É totalmente diferente no que toca ao fator subjetivo da produção, isto é, a força de trabalho em ação. Enquanto, pela forma que lhe destina o seu objetivo, o trabalho conserva e transmite o valor dos meios de produção ao produto, seu movimento cria a cada instante um valor adicional, um valor novo. Suponhamos que a produção se detém no ponto em que o trabalhador só forneceu o equivalente do valor diário de sua própria força, quando, por exemplo, adicionou, mediante um trabalho de seis horas, um valor de 3 francos. Esse valor forma o excedente do valor do produto com base nos elementos desse valor que provêm dos meios de produção. É o único valor original que foi produzido, a única parte do valor do produto que foi gerada no processo de sua formação. Compensa o dinheiro que o capitalista adianta para a compra da força de trabalho, e que o trabalhador gasta em seguida com os meios de subsistência. Relativamente aos 3 francos gastos, o valor novo de 3 francos aparece como uma simples reprodução; esse valor, porém, é reproduzido na realidade, e não em aparência, como o valor dos meios de produção. Se um valor é aqui substituído por um outro, é graças a uma nova criação.

Entretanto, já sabemos que a duração do trabalho ultrapassa o ponto em que um simples equivalente do valor da força de trabalho seria reproduzido e adicionado ao objeto trabalhado. Em lugar de 6 horas que bastariam para isso, a operação dura 12 horas ou mais. A força de trabalho em ação, portanto, não reproduz somente seu próprio valor, mas produz ainda o valor adicional. Essa mais-valia forma o excedente do valor do produto sobre aquele de seus fatores consumidos, isto é, dos meios de produção e da força de trabalho.

Ao expor os diferentes papéis que desempenham na formação do valor do produto os diversos fatores do trabalho, caracterizamos efetivamente as funções dos diversos elementos do capital na formação da mais-valia. O excedente do valor do produto de acordo com o valor de seus elementos constitutivos é o excedente do capital aumentado de sua mais-valia sobre o capital adiantado. Meios de produção, tanto quanto força de trabalho, são tão só as formas diversas de existência das quais o valor-capital se revestiu quando foi transformado de dinheiro em fatores do processo de trabalho.

No curso da produção, a parte do capital que se transforma em meios de produção, isto é, em matérias-primas, matérias auxiliares e instrumentos de trabalho, não modifica, portanto, a grandeza de seu valor. É a razão de a chamarmos de parte constante do capital ou, mais concisamente, de *capital constante.*

A parte do capital transformada em força de trabalho, ao contrário, muda de valor no curso da produção. Reproduz seu próprio equivalente e, ademais, um excedente, uma mais-valia capaz, ela mesma, de variar e ser mais ou menos grande. Essa parte do capital se transforma incessantemente de grandeza constante em grandeza variável. É por isso que a chamamos de parte variável do capital ou, mais concisamente, de *capital variável.* Os mesmos elementos do capital que, do ponto de vista da produção dos valores de uso, distinguem-se entre si como fatores objetivos e subjetivos, como meios de produção e força de trabalho, distinguem-se do ponto de vista da formação de valor em capital constante e em capital variável.

A noção de capital constante não exclui de modo algum uma mudança de valor de suas partes constitutivas. Suponhamos que a libra de algodão custa hoje meio franco e que amanhã, em razão de um déficit na colheita do algodão, se eleva a 1 franco. O algodão antigo que prossegue sendo fabricado foi comprado ao preço de meio franco; mas ele adiciona agora ao produto um valor de 1 franco. E aquele que já foi fiado, e que circula, inclusive, talvez no mercado sob forma de fios, adiciona igualmente ao produto o dobro de seu primeiro valor. Percebe-se, entretanto, que essas mudanças são independentes do aumento de valor obtido pelo algodão pela própria fiação. Se o algodão antigo não estivesse ainda inicialmente submetido ao trabalho, poderia ser agora revendido a 1 franco em lugar de meio franco. Quanto menos formas receber, mais esse resultado é certo. Assim, quando ocorrem tais revoluções no valor, constitui uma lei da especulação praticar agiotagem com a matéria-prima na sua forma menos modificada pelo trabalho, com os fios de preferência ao tecido, e com o algodão de preferência aos fios. A mudança de valor tem origem aqui no processo que produz o algodão e não no processo no qual o algodão funciona como meio de produção e, em razão disso, como capital constante. O valor, é verdade, se mede pelo *quantum* de trabalho fixado para uma mercadoria; esse *quantum*, ele próprio, porém, é determinado socialmente. Se o tempo de trabalho social exigido pela produção de um artigo sofrer variações, e o mesmo *quantum* de algodão, por exemplo, representa um *quantum* mais considerável de trabalho quando a colheita é ruim do que quando é boa, nesse caso, a mercadoria antiga, que não conta jamais senão como amostra de sua espécie, ressente-se disso imediatamente, porque seu valor é sempre medido pelo trabalho socialmente necessário, o que significa pelo trabalho necessário nas condições atuais da sociedade.

Tal como o valor das matérias, o valor dos instrumentos de trabalho já empregados na produção, máquinas, construções, etc., pode mudar, e, por isso mesmo, a porção de valor que transmitem ao produto. Se, por exemplo, depois de uma invenção nova, uma certa máquina pode ser reproduzida com um menor dispêndio de trabalho, a máquina antiga de mesma espécie perde mais ou menos seu valor e, por conseguinte, proporcionalmente o confere menos ao produto. Mas, nesse caso, como no precedente, a mudança de valor tem sua origem fora do processo de produção no qual a máquina atua como instrumento. Nesse processo, ela nunca transfere mais valor do que aquele que ela mesma possui.

Do mesmo modo que uma mudança no valor dos meios de produção, apesar da reação que sobre eles opera, até mesmo após a entrada deles no processo de trabalho, não modifica em nada o seu caráter de capital constante, uma mudança produzida na proporção entre o capital constante e o capital variável em nada afeta a diferença funcional deles. Admitamos que as condições técnicas do trabalho sejam transformadas de tal modo que onde, por exemplo, dez operários com dez instrumentos de pequeno valor formam um volume proporcionalmente modesto de matéria-prima, um operário opera agora, com uma máquina cara, um volume cem vezes maior. Nesse caso, o capital constante, quer dizer, o valor dos meios de produção empregados, seria consideravelmente aumentado, e a parte do capital convertida em força de trabalho, consideravelmente diminuída. Tudo que produz essa mudança é modificar a relação de grandeza entre o capital constante e o capital variável, ou a proporção segundo a qual o capital total se decompõe em elementos constantes e variáveis, porém não afeta a diferença funcional deles.

CAPÍTULO IX
A TAXA DA MAIS-VALIA [59]

O capital constante consumido no ato da produção sob forma de desgaste de máquinas, de matérias auxiliares e de matérias-primas, reaparecendo no produto sem adicionar-lhe valor novo, pode ser eliminado no cálculo para encontrar a taxa da mais-valia. O capital variável consagrado à compra da força de trabalho sendo, ao contrário, o criador da mais-valia, é evidente que é a relação da mais-valia com o capital variável que determina a taxa dessa mais-valia: ou $\frac{p}{v}$, p representando a mais-valia e v o capital variável.

Vimos que o operário, durante uma parte do tempo que exige uma dada operação produtiva, produz apenas o valor de sua força de trabalho, isto é, o valor das subsistências necessárias à sua manutenção. No meio no qual produz, estando organizado pela divisão espontânea do trabalho social, ele produz sua subsistência não diretamente, mas sob a forma de uma mercadoria particular, por exemplo, sob a forma de fios, cujo valor iguala o de seus meios de subsistência ou do dinheiro com o qual ele os compra. A parte de sua jornada de trabalho que ele nisso emprega é mais ou menos grande, segundo o valor médio de sua subsistência diária ou o tempo de trabalho médio a cada dia exigido para produzi-lo. Mesmo se ele não trabalhasse para o capitalista, mas apenas para si mesmo, deveria, permanecendo

---

59. Loc. cit., cap. IX, parágrafo 1, ed. francesa; cap. VII, parágrafo 1, 4ª ed. alemã.

iguais todas as circunstâncias, trabalhar em média, tanto depois quanto antes, a mesma parte alíquota do dia para ganhar a vida. Mas como na parte do dia na qual produz o valor cotidiano de sua força de trabalho, digamos 3 francos, produz tão só o equivalente de um valor já pago pelo capitalista, e assim tudo que faz é compensar um valor pelo outro, essa produção de valor não passa, na realidade, de uma simples reprodução. Chamo, portanto, de *tempo de trabalho necessário* a parte da jornada na qual é realizada essa reprodução, e de *trabalho necessário* o trabalho despendido durante esse tempo: necessário ao trabalhador, porque é independente da forma social de seu trabalho; necessário ao capital e ao mundo capitalista porque esse mundo se baseia na existência do trabalhador.

O período de atividade que ultrapassa os limites do trabalho necessário custa, é verdade, trabalho ao operário, um dispêndio de força, mas não forma nenhum valor para ele. Forma uma mais-valia que tem para o capitalista todos os encantos de uma criação *ex nihilo*. Denomino essa parte da jornada de trabalho *tempo extra*, e o trabalho nela despendido, *sobretrabalho*. Se é de uma importância decisiva para o entendimento do valor em geral, não ver nela senão uma simples coagulação de tempo de trabalho, senão trabalho realizado, é de uma igual importância para o entendimento da mais-valia compreendê-la como uma simples coagulação de tempo de trabalho extra, como sobretrabalho realizado. As diferentes formas econômicas das quais a sociedade se reveste, por exemplo, a escravidão e o salariado, só se distinguem pelo modo no qual esse sobretrabalho é imposto e extorquido do produtor imediato, do operário.

Desse fato, ou seja, o valor do capital variável igualar o valor da força de trabalho que é comprada, o valor dessa força de trabalho determinar a parte necessária da jornada de trabalho, e a mais-valia, por seu lado, ser determinada pela parte extra dessa mesma jornada, conclui-se que: a mais-valia é para o capital variável o que é o sobretrabalho para o trabalho necessário ou a taxa da mais-valia $\dfrac{p}{v} = \dfrac{sobretrabalho}{trabalho\ necessário}$. As duas proporções apresentam relação idêntica sob uma forma diferente: uma vez sob forma de trabalho realizado, uma outra vez sob forma de trabalho em movimento.

A taxa da mais-valia é, portanto, a expressão exata do grau de exploração da força de trabalho pelo capital, ou do trabalhador pelo capitalista.

Tal é, portanto, em resumo, o método a ser empregado para o cálculo da taxa da mais-valia. Tomamos o valor inteiro do produto e formulamos como igual a zero o valor do capital constante que se limita a reaparecer nesse contexto; a soma de valor que resta é o único valor realmente gerado durante a produção da mercadoria. Se a mais-valia é dada, é necessário de nossa parte subtraí-la dessa soma para encontrar o capital variável. Ocorre o inverso se este último é dado e procuramos a mais-valia. Se todos os dois são dados, não resta mais do que a operação final, o cálculo de $\dfrac{p}{v}$ da relação da mais-valia com o capital variável.

Por mais simples que seja esse método, convém nele exercitar o leitor mediante alguns exemplos que lhe facilitarão a aplicação do método.

Entremos primeiramente numa fábrica de fiação. Os dados seguintes pertencem ao ano 1871 e me foram fornecidos pelo próprio fabricante. A fábrica põe em movimento 10 mil fusos, fia com algodão americano fios nº 32 e produz por semana 1 libra de fios por fuso. O resíduo do algodão atinge 6%. São, assim, por semana, 10.600 libras de algodão que o trabalho transforma em 10 mil libras de fios e 600 libras de resíduos. Em abril de 1871, esse algodão custava 0,806 francos por libra e, consequentemente, para

10.600 libras, a soma arredondada de 8.550 francos. Os 10 mil fusos, aí incluindo a máquina de fiar e a máquina a vapor, custam 25 francos por peça, isto é, 250 mil francos. O desgaste deles atinge 10% = 25.000 francos ou, cada semana, 500 francos. A locação das construções custa 150 francos por semana. O carvão (100 francos por hora e por hp, sobre uma força de 100 hp dada pelo indicador e 100 horas por semana, inclusive o aquecimento do local) atinge por semana a cifra de 11 toneladas e, a 10,60 francos por tonelada, custa por semana 116,60 francos; o consumo por semana é igualmente, para o gás, 25 francos, para o óleo, 112,50 francos, e, para todas as matérias auxiliares, 250 francos. A porção de valor constante, consequentemente, é igual a 9.450 francos. Visto que ela não desempenha nenhum papel na formação do valor semanal, nós a formulamos como igual a zero.

O salário dos operários atinge 1.300 francos por semana; o preço dos fios, 1,275 francos a libra, é, para 10 mil libras, 12.750 francos. O valor produzido a cada semana é, consequentemente, 12.750 - 9.450 francos = 3.300 francos. Se, agora, disso deduzimos o capital variável (salário dos operários) = 1.300 francos, resta uma mais-valia de 2 mil francos.

A taxa da mais-valia é, portanto, igual a $\dfrac{2.000}{1.300}$ = 153,84%. Para uma jornada média de 10 horas, consequentemente, o trabalho necessário é igual a 3 h. $^{31}/_{33}$ e o sobretrabalho igual a 6 h. $^{2}/_{33}$.

Eis aqui um outro cálculo, muito deficiente, na verdade, porque nele faltam vários dados, porém suficiente para nosso propósito. Emprestamos os fatos de um livro de Jacob acerca das leis sobre os cereais (1815). O preço do trigo é 80 *schellings* o quarto (8 alqueires), e o rendimento médio da jeira francesa é 22 alqueires, de maneira que a jeira francesa produz 275 francos.

Produção de uma jeira francesa

Capital constante		Mais-valia	
Sementes	36,25	Dízimos, taxas	26,20
Adubos	62,50	Imposto predial	35
Capital variável		Lucros do fazendeiro	
Salários	87,50	e juros do capital	27,55
	186,25		88,75

A mais-valia, ao admitir sempre que o preço do produto é igual ao seu valor, se acha aqui distribuída entre diversas rubricas, a saber, lucros, juros, dízimos, etc. Sendo essas rubricas indiferentes para nós, as adicionamos todas juntas e obtemos, assim, uma mais-valia de 88,75 francos. Quanto aos 98,75 francos relativos a sementes e adubos, nós os formulamos iguais a zero como parte constante do capital. Resta o capital variável adiantado de 87,50 francos no lugar do qual um valor novo de 87,50 + 88,75 foi produzido. A taxa da mais-valia $p/v = \dfrac{88,75}{87,50}$ é igual a mais de 100%.

O lavrador emprega, portanto, mais da metade de sua jornada de trabalho na produção de uma mais-valia que diversas pessoas partilham entre elas sob diversos pretextos.

NOTAS DE PAUL LAFARGUE

I

A economia política do século XVIII tinha duas opiniões acerca da fonte do valor.

Os fisiocratas se reportavam à terra, e por terra é necessário também entender a água, como fonte primitiva e única do valor: somente concediam o nome de *indústria produtiva* à indústria que provê matérias novas, a indústria do agricultor, do mineiro e do pescador. O trabalho do artesão somente criava *falsos produtos,* dizia Mercier de la Rivière, uma vez que o valor que acrescentava à matéria-prima ao transformá-la era precisamente representado pelo valor de seus meios de subsistência durante o ato da produção: suas necessidades destruindo, de um lado, o que seu trabalho produzia do outro, daí não resultava nenhum aumento das riquezas para a sociedade.

Adam Smith e, mais tarde, Ricardo, ao contrário, consideravam o trabalho como a "fonte e a medida do valor", bem entendido o trabalho que conta com o auxílio da terra e de outras forças naturais, sem cuja cooperação nada pode ser criado.

"O valor de uma mercadoria de consumo que é um produto alimentício", diz A. Smith, "é igual à quantidade de trabalho que essa mercadoria coloca seu possuidor em condição de comprar ou de controlar. O trabalho é, portanto, a medida real do valor permutável de toda mercadoria." (*Richesse des Nations,* Livro I, cap. V, tradução de G. Garnier, 1802).

"Considero o trabalho", diz Ricardo, "como a fonte de todo valor, e sua quantidade relativa como a medida que regula quase exclusivamente o valor relativo das mercadorias." (*"Principes de l'Econ. pol. et de l'impôt"*, cap. I, seção II — *Petite bibliothèque écon.*).

Mesmo antes de formular sua definição, Ricardo responde aos que a ele objetariam que há objetos cujo valor só depende de sua raridade, tais como quadros valiosos, esculturas, livros e medalhas raras, vinhos de qualidade excelente que só podem ser obtidos de certas terras e regiões e dos quais há apenas uma quantidade muito limitada. Formam, todavia, apenas uma parte muito pequena das mercadorias que são trocadas diariamente no mercado. Visto que o número de objétos que se deseja possuir é muito maior e fruto da indústria, é possível multiplicá-los não num só país, mas em diversos, a um grau que torna quase impossível estabelecer para eles limites todas as vezes que se vier a querer a eles consagrar o engenho necessário para criá-los. (Loc. cit., cap. I, seção I).

"Visto ser certo", diz Destutt de Tracy,[60] "que nossas faculdades físicas e morais são nossa única riqueza inata, que o emprego dessas faculdades, qualquer trabalho, é nosso único tesouro primitivo, e que é sempre a partir desse emprego que nascem todas as coisas que chamamos de bens, é certo que tudo que fazem esses bens é representar o trabalho que lhes deu origem e que, se eles possuem um valor, ou até dois valores distintos, só podem extrair esses valores do valor do trabalho de que emanam." (*Eléments d'Idéologie*, Paris, 1826, p. 35-36).

"Como o comércio em geral", diz Benjamin Franklin, "não é outra coisa senão uma permuta de trabalho, é pelo trabalho que se estima com a maior precisão o valor de todas as coisas". (*The works of Benjamin Franklin*, Sparks (ed.), Boston, 1836, tomo II, p. 267).

---

60. Antoine-Louis Claude Destutt de Tracy (1754-1836), economista francês. (N.T.)

"Um homem esteve ocupado por uma semana a fim de fornecer uma coisa necessária à vida, e aquele que lhe concede uma outra em troca não pode estimar melhor o que é dela equivalente do que calculando o que lhe custou exatamente o mesmo tempo de trabalho. É, com efeito, apenas a troca do trabalho de um homem devotado a uma coisa durante um certo tempo contra o trabalho de um outro homem devotado a uma outra coisa durante idêntico tempo de trabalho." (Anônimo, *Some thoughts on the interest of money in general and particularly in the public funds*, Londres, 1739).

J.-B. Say não tem uma opinião, mas mais de uma, acerca do valor:

Ele o define como A. Smith por seu poder de compra. "O valor é a quantidade de toda outra coisa que se pode obter em troca da coisa de que se quer desfazer." (*Traité d'Econ. Pol*, Rapilly, 1826, vol. II, Livro II, cap. IV, p. 220).

"Os dois fundamentos do valor são: 1. A utilidade que determina a demanda que se faz. 2. As *despesas* de sua *produção* que limitam a extensão dessa demanda, uma vez que fazemos cessar a demanda daquilo que custa despesas excessivas de produção." (Loc. cit., vol. III, *Épitome*, p. 328).

"Não são somente as despesas de produção que regulam o valor permutável de uma mercadoria, pois o valor permutável não pode subir como as despesas de produção, porque seria necessário que, então, a relação da oferta e da demanda se mantivesse a mesma; seria necessário que a demanda também aumentasse." (*Oeuvres complètes de D. Ricardo,* 1847. Nota de Say, p. 8 e 9).

Say diz que Smith cometeu um duplo erro ao fazer do trabalho a medida do valor, porquanto "todos os bens do mundo não foram comprados pelo trabalho humano. A natureza participa de certas produções, e seu trabalho confere um valor adicional ao do ser humano. Isso é evidente na produção agrícola, cujos produtos pagam, além do salário da indústria humana e os lucros do capital (que pode, a rigor, representar *trabalho acumulado*), uma renda não adquirida, natural". (*A. Smith, Richesse des Nations*, Bianqui, nota de Say, vol. I, p. 37). Say se coloca como adversário da teoria dos fisiocratas a respeito do valor, e ei-lo admitindo a terra como fonte de valor.

É possível extrair da *Économie politique* de Say uma outra opinião segundo a qual o trabalho, que ele chama de indústria humana, é o exclusivo criador do valor.

Say, contradizendo sua contradição de Smith, diz: "A porção de utilidade que a natureza comunicou ao valor sem a intervenção do ser humano, nem de seus instrumentos, não faz parte do produto, do valor do produto; é uma riqueza natural que não custou despesas de produção". (Loc. cit., vol. III, *Épitome*, p. 311).

Say distingue os agentes naturais que transmitem utilidades ao valor em duas categorias: os que são suscetíveis "de ser apropriados, como um campo, um curso d'água", e os que, não podendo ser monopolizados, permanecem propriedades comuns, como "o mar, os rios, o vento, a ação física ou química das matérias umas sobre as outras, etc.". (Loc. cit., vol. I, cap. IV, p. 41-42).

"A máquina obriga as forças naturais, as diversas propriedades dos agentes naturais, a trabalhar em prol da utilidade do ser humano: o ganho é evidente. Há sempre aumento do produto ou diminuição de despesas de produção." (Loc. cit., vol. I, Livro I, cap. VII, p. 68-69).

"Pode-se, com uma maior generalização, representar-se, caso se queira, uma terra como uma grande máquina por meio da qual fabricamos trigo, máquina que restabelecemos ao cultivá-la." (Loc. cit., vol. I, Livro I, cap. VII, p. 65).

Enquanto uma máquina, assim como a terra, conserva-se como o monopólio de um indivíduo, a economia produzida somente beneficia seu monopolizador. "Com efeito, quando um fabricante, auxiliado por um procedimento que lhe é particular, chega a produzir por 15 francos um produto que antes custava 20 francos em despesas de produção, ele ganha 5 francos por tanto tempo quanto seu procedimento permanecer secreto e ele lucrar com exclusividade do trabalho gratuito da natureza; e, quando o procedimento se torna público e a concorrência obriga o produtor a baixar o preço de seu produto de 20 para 15 francos, são então os consumidores que obtêm esse ganho de 5 francos." (Loc. cit., vol. I, Livro I, cap. IV, p. 36-37).

A consequência consiste em despesas de produção de uma mercadoria serem apenas representadas pelo trabalho humano e o desgaste das máquinas e das ferramentas que "adicionamos aos nossos braços para aumentar o poder deles, para obter a cooperação dos agentes naturais." (Loc. cit., Livro I, cap. VII, p. 65). Se, portanto, a terra, a qual é uma máquina de fabricar trigo, não fosse monopolizada, não adicionaria ao produto a renda imobiliária, mas o seu simples desgaste, isto é, o preço dos adubos e do trabalho necessários ao restabelecimento de sua fertilidade.

De qualquer maneira que viremos e reviremos a questão, seremos obrigados a retornar à constatação de Adam Smith e de Ricardo de que o trabalho é "a fonte e a medida do valor".

II

Embora seja Marx que demonstra claramente que o sobretrabalho não pago do produtor manual ou intelectual constituía a mais-valia ou os lucros do capital, os economistas já haviam vagamente indicado o fato.

Ricardo diz: "O valor total dos artigos do fazendeiro e do fabricante são divididos em duas únicas porções, das quais uma constitui os lucros do capital, enquanto a outra é consagrada ao salário dos operários... Se um fabricante oferecesse sempre suas mercadorias pela mesma soma de dinheiro, por exemplo, por 1 mil libras esterlinas, seus lucros dependeriam do custo do trabalho necessário para a fabricação delas. Seriam menores com salários de 800 libras do que com salários de 600 libras. Portanto, à medida que os salários se elevassem, ocorreria uma diminuição dos lucros". (Ricardo, *"Principes d'Econ. pol."*, cap. VI, *Petite Bibliothèque Econ.*, p. 175-176). Smith declara: "Nesse estado primitivo que precede a apropriação das terras e a acumulação dos capitais, todo o produto do trabalho pertence ao operário. Ele não tem nem proprietário nem patrão com quem deve repartir".

"Se esse estado tivesse continuidade, o salário ou a recompensa natural do trabalho teria aumentado à medida que suas faculdades produtivas houvessem adquirido todos esses aprimoramentos aos quais dá ensejo a *divisão do trabalho*." (*Richesse des nations*, tradução de G. Garnier, Livro I, cap. VIII).

"O valor que os operários adicionam à matéria se decompõe em duas partes, das quais uma paga os salários do operário e a outra paga os lucros que o empresário produz sobre a soma dos fundos que lhe serviram para adiantar esses salários e a matéria para o trabalho." (Smith, loc. cit., Livro I, cap. VI).

"O patrão divide no produto do trabalho dos operários ou no valor que esse trabalho adiciona à matéria na qual ele empregou, e é essa parte que constitui seu lucro." (Smith, loc. cit., Livro I, cap. VIII).

J.-B. Say define o operário como "aquele que aluga sua capacidade industrial, ou que vende seu trabalho e que, consequentemente, renuncia aos seus *lucros industriais* por um salário." (*Traité d'Econ. Pol.*, vol. III, *"Épitome"*, p. 306).

"Os economistas do século XVIII", diz Say, "sustentavam que o trabalho não produz nenhum valor sem consumir um valor equivalente; que, como consequência, não deixa nenhum excedente, nenhum *produto líquido*, e que unicamente a terra, a qual fornece gratuitamente um valor, é capaz, com exclusividade, de conferir um produto líquido. Ora, os fatos mostram que os valores produzidos se devem à ação e ao concurso da indústria, capitais e agentes naturais, e que nenhuma outra fonte, exceto essas três, produz um valor, uma riqueza nova." (Loc. cit., Livro I, cap. IV, p. 40-41).

Examinemos, de acordo com o próprio Say, a parte contributiva de cada uma dessas três fontes de valores na criação do produto líquido ou da mais-valia.

1º. *Agentes naturais*: "Refutar-se-á que os agentes naturais não apropriados, como a pressão atmosférica nas máquinas a vapor, não produzem valor. Sendo sua contribuição gratuita, dizem, dela não resulta nenhum aumento no valor permutável dos produtos, medida única das riquezas. Mas se verá mais adiante que toda utilidade produzida que o consumidor não é levado a pagar equivale a uma dádiva que se faz a ele, a um aumento de sua renda.". (Say, loc. cit., vol. I, Livro I, cap. IV, p. 43. Ver igualmente as citações dadas da nota I).

2º. *Capitais*: Toda máquina na qual "empregou-se um valor capital" somente produz benefícios para seu proprietário enquanto permanece em segredo; "não há, porém, exemplo do segredo ter podido ser guardado por muito tempo. Tudo acaba sendo conhecido, principalmente aquilo que o interesse pessoal estimula a ser descoberto. A partir desse momento, a concorrência abaixa o valor do produto de toda a economia realizada sobre as despesas de produção; é então que principia o ganho do consumidor (comprador). A moedura do trigo provavelmente não produz mais para os moleiros atuais do que para os de outrora; mas a moedura custa bem menos para os consumidores". (Say, loc. cit., vol. I, Livro I, cap. VII, p. 72. Ver igualmente as citações da nota I). Assim, tudo que a máquina faz é reproduzir "seu valor capital", porém não cria mais-valia.

Portanto, tudo que resta para produzir o salário e os lucros do capitalista é a indústria, definida por Say como "a ação das forças físicas e morais do ser humano aplicadas à produção". *("Épitome")*.

III

O valor da força de trabalho, de acordo com Marx, é determinado pelo valor dos produtos necessários à sua conservação diária, à sua reprodução familiar e à sua educação técnica: é variável conforme os países e as épocas; é o que é denominado por ele como seu elemento histórico e moral. Marx, portanto, não pode ser responsabilizado, assim como se faz, pela lei implacável[61] dos salários, que Lasalle,[62] mais agitador e, sobretudo, mais jurista do que economista, formulou a favor das necessidades de sua propaganda, e que Jules Guesde[63] cometeu o erro de importar para a França sem haver testado o valor científico dela.

A *lei férrea* geral e inflexível é incapaz de explicar as variações dos salários que ocorrem de uma indústria para outra no mesmo país, nem daquelas de uma mesma indústria situada em localidades ou países diferentes;[64] não consegue explicar a redução constante dos salários numa mesma indústria e num mesmo país, à medida que os operários acossados pela concorrência entre si habituam-se a reduzir suas necessidades e a se contentar com uma alimentação mais grosseira. Smith diz que, no seu tempo, na Grã-Bretanha, o salário "estava evidentemente acima do que é exatamente necessário para colocar os operários em condições de criar suas famílias". Não estando as mulheres e os filhos empregados nas fábricas, era necessário que o salário do homem representasse os meios de existência deles; esse salário era tão elevado que, mesmo no tempo de Smith, a lei fixava um *máximo,* que não podia ser ultrapassado (*Richesse des Nations*, Livro I, cap. VIII). A taxação dos salários foi geral em todos os países europeus: os patrões

---

61. No original, "*loi d'airain*": lei férrea, lei dura. (N.T.)
62. O autor parece referir-se a Ferdinand Lassale (1825-1864), socialista alemão. (N.T.)
63. Jules Guesde (1845-1922), político francês de orientação marxista. (N.T.)
64. O original registra *pays différends*, mas leia-se *pays différents*. (N.T.)

descobriam em toda parte que eles eram demasiado importantes e que o ganho de três a quatro dias permitia ao operário obter vários dias de repouso semanal. O fato de não existir, em nenhuma nação capitalista, uma lei para fixar um máximo no tocante aos salários constitui a prova mais convincente de que a classe operária, na sua totalidade, aprendeu a reduzir suas necessidades de lazer, de prazeres e de subsistência em proporções que se teria julgado impossíveis no século XVIII.

Lasalle, com sua *lei férrea*, limitou-se a reproduzir as opiniões de certos economistas, entre outras, a de J.-B. Say.

"O salário dos trabalhos simples e grosseiros", diz Say, "pouco se eleva em cada país além do que é estritamente necessário para nele viver". (*Traité d'Econ. pol.*, vol. II, Livro II, cap. VII, parágrafo IV, p. 277). Esse salário era calculado com uma exatidão implacável, pois "na classe em que a renda (leia-se salário) está no nível do estritamente necessário, uma diminuição de renda é uma sentença de morte, se não para o operário, ao menos para uma parte de sua família". (Loc. cit., p. 283).

É verdade que Say menciona os hábitos que, exercendo influência sobre a extensão das necessidades, exercem uma reação sobre a taxa dos salários. "Quanto mais o valor do consumo do operário é modesto, mais a taxa ordinária de seu salário pode se estabelecer num patamar baixo". E ele se mostra cioso quanto a acrescentar "que não é de se temer que os consumos da classe operária experimentem uma grande ampliação graças à desvantagem de sua posição. A humanidade gostaria de vê-los, eles e suas famílias, vestidos de acordo com o clima e a estação; desejaria que, em seus alojamentos, pudessem encontrar o espaço, o arejamento e o calor necessários à saúde; que sua alimentação fosse saudável, abundante e, inclusive, que pudesse nela introduzir alguma escolha e alguma variedade; contudo, há poucos países nos quais necessidades tão moderadas não passassem a exceder os limites do estritamente necessário e, nos quais, consequentemente, eles pudessem se satisfazer com os salários da derradeira classe dos operários." (Loc. cit., p. 287). Say é ainda mais pessimista quanto aos salários das mulheres. "Há aquela fiandeira em certos lugarejos que não chega a ganhar a metade de suas despesas, embora suas despesas sejam módicas; ela é mãe, filha, irmã, tia ou sogra de um operário que a alimentaria mesmo que ela não ganhasse absolutamente nada... Isso é aplicável a todo trabalho feminino. Em geral, esse trabalho é remunerado pessimamente, porque um número muito expressivo dessas mulheres é sustentado de uma forma distinta e não graças ao seu trabalho; além disso, o trabalho feminino pode pôr em circulação o gênero de ocupação, do qual as mulheres são capazes, abaixo da taxa na qual se fixaria a extensão das necessidades delas." (Loc. cit., p. 281).

Paul Lafargue

PAUL LAFARGUE
BREVES TRAÇOS BIOGRÁFICOS E BIBLIOGRÁFICOS

Natural de Santiago de Cuba, *Paul Lafargue* veio ao mundo em 15 de janeiro de 1842. De ascendência mista e heterogênea, seus antepassados incluíam tanto franceses quanto indivíduos dos povos caribenhos: se seu avô paterno era um cristão francês de Bordeaux e, seu avô materno, um judeu francês, sua avó materna era uma jamaicana, e a avó paterna, uma mulata de São Domingos.

Sua família abastada (o pai era proprietário de áreas de cultivo de café em Cuba) retornou à França em 1851, onde Lafargue passaria a viver até findar o curso de medicina em Paris. Mas nunca se dedicou à medicina, até porque seu pendor e interesse pela teoria e prática políticas logo se manifestaram. Começou como republicano no combate a Napoleão III, na fase deste como imperador (1852–1870). Mas sua adesão a essa ideologia política não se revelou duradoura, pois não tardou o namoro com o anarquismo de Proudhon.

O irreverente viés revolucionário de Lafargue, pouco afeito à postura amena de uma certa intelectualidade francesa da época, viria, entretanto, a torná-lo *persona non grata* no meio acadêmico local, o que determinou sua mudança para a Inglaterra, onde ele finalmente encontraria a ideologia à qual se manteria fiel até o fim de seus dias. Conhece Karl Marx em Londres, e seu relacionamento regular com o grande filósofo e economista alemão o leva a também conhecer a filha de Marx, Laura.

Essa mudança de país, de domicílio e, principalmente, de orientação de pensamento e de *vida* aconteceu em 1865, e, três anos mais tarde, Paul Lafargue casou-se com Laura Marx.

Esse casamento, embora pareça ter concretizado uma convergência de ideias e ideais, trouxe uma infelicidade para o casal devido à perda de três filhos, que não sobreviveram sequer à infância.

Além de teórico vigoroso, pois conjugava as habilidades de escritor, crítico literário, jornalista e economista, Lafargue foi um infatigável ativista político que devotou mais de quatro décadas de sua existência aos ideais do socialismo revolucionário. Transcendendo a condição de um simples leitor atento de *O capital*, obra máxima de Marx, com quem, imaginamos, entretinha conversações altamente esclarecedoras em *primeiríssima* mão, foi um estudioso arguto dessa obra em particular, o que deu origem ao seu empenho em produzir dela os extratos que ficaram para a posteridade.

Sua compilação foi aprovada e elogiada por seu sogro, que a considerou não acadêmica e acessível aos leitores em geral, sobretudo aos trabalhadores.

Em comum acordo com a esposa, Laura Marx, que era três anos mais nova do que ele, Lafargue e ela suicidaram-se em 26 de novembro de 1911, em Paris, utilizando uma injeção hipodérmica de ácido cianídrico. Paul Lafargue tinha 69 anos, e Laura, 66. Uma mensagem foi deixada por ele, dando a entender que queria poupar a si mesmo e aos outros do peso das mazelas futuras da velhice que dele se avizinhavam. Mas sua mensagem, indo além do pessoal, também anuncia o êxito do socialismo:

"Morro com a alegria suprema de estar certo de que, num futuro próximo, sairá vitoriosa a causa pela qual lutei por 45 anos (...)".

Interpretações à parte, a revolução que derrubou o Império do tzar na Rússia ocorreu seis anos após a morte de Lafargue, em 1917.

Tido como um entre os mais talentosos representantes do marxismo na França, Paul Lafargue nos legou uma expressiva obra literária, que, embora o destaque, sobretudo, como teórico político e economista marxista, revela o seu grande conhecimento nas áreas das ciências humanas em geral, da religião, da mitologia e da filosofia. Citamos os seguintes textos (em ordem alfabética):

REFERÊNCIAS BIBLIOGRÁFICAS

Appel aux électeurs de la première circonscription de Lille
Au nom de l'autonomie
Éssai critique sur la révolution française du XVIII siècle
Idéalisme et matérialisme dans la conception de l'histoire
La base philosophique du parti ouvrier
La journée légale de travail réduite à huit heures
La politique de la bourgeoisie
L'autonomie
La circoncision, sa signification sociale et religieuse
La croyance en Dieu
La fonction économique de la bourse
La légende de Victor Hugo
La question de la femme
Le darwinisme sur la scène française
Le droit à la paresse
Le matérialisme économique de Karl Marx
Le matriarcat, étude sur les origines de la famille
Le mythe de l'Immaculée conception
Le mythe de Prométhée
Le parti ouvrier français
Le parti socialiste allemand
Le patriotisme de la bourgeoisie
Le problème de la connaissance

Le sentimentalisme bourgeois
Le socialisme et la conquête des pouvoirs publics
Le socialisme et la science sociale
Le socialisme et les intellectuels
Les chansons et les cérémonies populaires du mariage
Les luttes de classes en Flandre de 1336-1348 et de 1379-1385
Les origines du romantisme
L'ultimatum de Rothschild
Origine de l'idée du bien
Origine de la propriété en Gréce
Origine des idées abstraites
Pie IX au paradis
Que veulent donc les seigneurs de l'industrie du fer?
Sapho
Souvenirs personnels sur Friedrich Engels
Souvenirs personnels sur Karl Marx

CONHEÇA ALGUMAS OBRAS DO NOSSO CATÁLOGO

- *Manifesto do Partido Comunista,*
  de Friedrich Engels e Karl Marx

- *O 18 de brumário de Luís Bonaparte,*
  de Karl Marx

- *O capital — Edição condensada por Gabriel Deville,*
  de Karl Marx

- *Salário, preço e lucro,*
  de Karl Marx

- *A origem da família, da propriedade privada e do Estado,*
  de Friedrich Engels

- *Do socialismo utópico ao socialismo científico,*
  de Friedrich Engels

- *ABC do Comunismo,*
  de Ievguêni Preobrajenski e Nikolai Bukharin

- *Capitalismo, socialismo e democracia,*
  de Joseph Schumpeter

- *O socialismo,*
  de Émile Durkheim

Este livro foi impresso pela Grafilar
em fonte Minion Pro sobre papel Pólen Bold 70 g/m²
para a Edipro no verão de 2024.